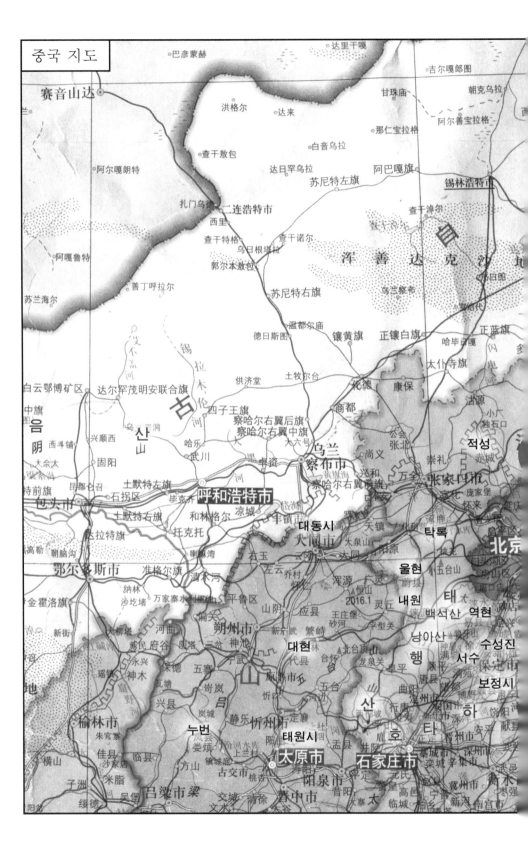

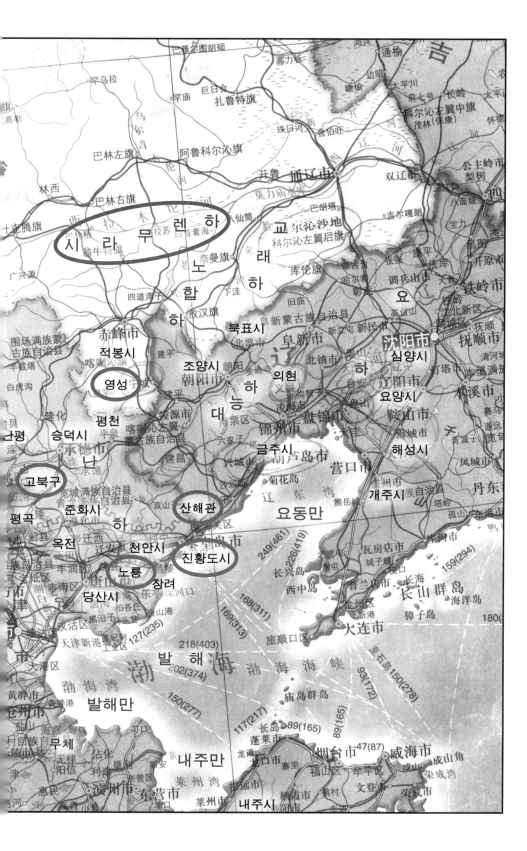

잃어버린 상고사 되찾은 고조선

잃어버린 상고사 되찾은 고조선

초판 3쇄 발행 : 2021년 9월 25일

편저자 : 심백강
펴낸이 : 육일
펴낸곳 : 바른역사

편집 : 김수옥
인쇄 : 북토리

출판등록 2014년 6월 3일
주소 : 서울특별시 서초구 반포대로23길 13, 5층 L104호
전화 : 02-6207-2544
　　　031-771-2546
E-mail : barun522@hanmail.net

값 15,000원
ISBN 979-11-953222-0-6(03910)
잘못된 책은 바꿔 드립니다.

이 도서의 국립중앙도서관 출판예정도서목록(CIP)은 서지정보유통지원시스템
홈페이지(http://seoji.nl.go.kr)와 국가자료공동목록시스템(http://www.nl.go.kr/kolisnet)에서
이용하실 수 있습니다.

(CIP제어번호 : CIP2014021726)

바른역사 정립은 이제 우리 국민의 몫입니다. 이 책을 읽고 혹시 질문이 있거나 또는
바른역사 정립운동에 동참할 의사가 있으신 분은 이메일 barun522@hanmail.net으로
연락주십시오. 함께하면 힘이 배가 됩니다.

잃어버린 상고사

되찾은 고조선

| 심백강 편저 |

바른역사

서 문

잃어버린 고조선을 정말 되찾았는가. 고조선을 되찾았다는 말에 선뜻 수긍하기 어려워 반신반의하는 사람이 많을 것이다.

고조선을 되찾았다고 하는 이유는 다섯 가지다.

첫째 송나라 때 편찬된 『무경총요』와 『왕기공행정록』에서 오늘날 하북성 동쪽에 있는 조하潮河가 송나라시대에는 조선하朝鮮河로 불렸다는 사실을 밝혀냈다.

둘째 송나라 사람 나필羅泌이 쓴 『노사路史』에서 『산해경』에 포함되어 있는 「해내경」이 『고조선사기古朝鮮史記』라고 말한 기록을 찾아냈다.

셋째 송나라 사람 낙사樂史의 『태평환우기』에서 오늘날 하북성 진황도시 노룡현에 조선성朝鮮城이 있었다는 기록을 확인했다.

넷째 중국 최초의 정사인 『진서晉書』에서 전연前燕을 건국한 선비족 모용황을 조선공朝鮮公에 봉했던 기록을 찾았다.

다섯째 1500년 전 남북조시대의 대표적인 문인이었던 유신庚信이 쓴 두로영은豆盧永恩의 비문에서 선비족의 발상지 시라무렌강 유역에서 고조선이 건국되었다고 기록한 내용을 찾아냈다.

이번에 『사고전서』에서 찾아낸 조선하·조선기·조선성·조선공·조선국에 관한 기록들은 김부식의 『삼국사기』나 일연의 『삼국유사』는 물론 그 이후 단재 신채호, 위당 정인보에 이르기까지 그 누구도 인용한 적이 없는 모두가 세상에 처음 모습을 드러낸 자료들이다.

상고사는 사료가 생명이다. 사료의 뒷받침이 없는 역사 서술은 소설에 불과하다. 『삼국유사』는 우리나라에서 현재 남아 있는 사료로서는 고조선을 다룬 가장 오래된 유일한 사료이다.

그러나 한 페이지에도 못 미치는 고조선 기록은 그 내용이 너무나 빈약하다. 그것만으로는 고조선이 신화인지 실제 역사인지, 발상지가 대동강 유역인지 요수 유역인지 알 길이 막연하다.

현재 한국에서 고조선은 만들어진 신화라는 설이 주류학설이고, 또 고조선이 대동강 유역에서 출발했다는 대동강 낙랑설이 학계의 정설이다. 국사교과서는 이 설을 바탕으로 기술되어 있다.

『삼국유사』보다 연대가 앞선 중국의 문헌과 1500년 전 세워진 선비족 모용은의 비문 등에서 숨겨진 고조선의 비秘자료를 찾아내, 중국 하북성 진황도시 요서 지역에 요서조선이 있었다는 사실을 문헌과 금석문으로 증명한 것이 바로 이 책이다. 이 책을 통해 영원히 잃어버린 줄 알았던 요서고조선이 다시 생생하게 살아서 우리 앞에 되돌아왔다고 확신한다.

그동안 우리가 알았던 대동강 중심의 조선은 반신불수의 고조선이었다. 그러나 이제 요서조선을 통해 온전한 고조선을 되찾게 되었다. 그동안 우리가 배웠던 반도 중심의 조선은 반 쪼가리 초라한 고조선이었다. 그러나 이제 요서조선을 통해 웅대한 고조선을 되찾게 되었다.

국토광복·민족광복에 이어 역사광복이 우리의 시대적 과제다. 역사광복의 첫 걸음은 고조선 광복으로부터 시작된다. 잃어버린 요서고조선을 되찾게 해준 이 책이 2014년 갑오년 광복절에 즈음하여 간행됨으로써 고조선의 광복이 꿈이 아니라 현실로서 다가오게 된 기쁨을 우리겨레 7000만 민족과 함께 나누고 싶다.

끝으로 편집과 교정에 도움을 준 성재스님, 김수옥·김정희·심연홍·이사헌·이철구·조수미·최익순 선생, 김다희 님 등에게 감사드린다.

2014년 8월 15일 광복절에
중현 심백강

● 차 례 ●

제1장

조선하

朝鮮河

현재 중국 북경시 북쪽에 있는 조하潮河,
조하潮河는 북송北宋시대까지 조선하朝鮮河였다.

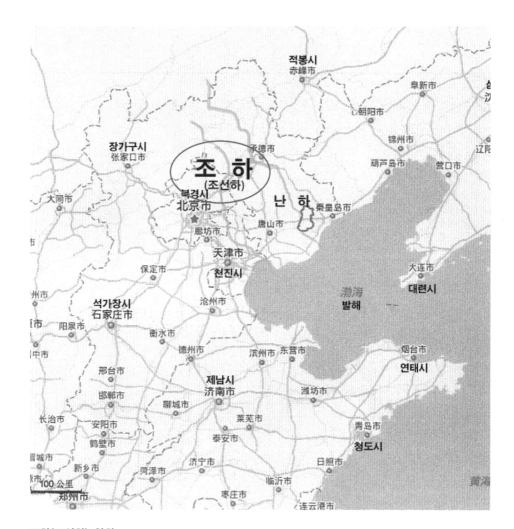

조하(조선하) 위치

1. 조선하朝鮮河 사료 역문

『무경총요武經總要』「전집前集」 권16 하
<북번지리北番地理>

연경燕京의 주군州軍은 12이다.

중원中原의 옛 땅 유주幽州[1]는 옛 기북冀北의 지역으로 순순舜 임금이 유주幽州를 설치했다. 동쪽에는 조선朝鮮·요동遼東이 있었고 북쪽에는 누번樓煩·백단白檀이 있었고 서쪽에는 운중雲中·구원九原이 있었고 남쪽에는 호타하滹沱河[2]·역주易州가 있었다.[3]

당唐나라 때는 범양절도范陽節度를 설치하여 해奚·거란契丹을 감독 견제하였고 유주幽州를 치소治所로 하였다. 석진石晉[4]시대에 융주戎主에게 분할하여 뇌물로 주어 남경南京[5]을 건립했고 또 연경燕京으로 고쳤다.

동쪽으로 부가구符家口까지는 390리이고 정동正東의 약

간 북쪽에서 송정관松亭關까지는 450리이고 서쪽으로 중산구中山口까지는 100리이고 정서正西의 약간 북쪽에서 거용관居庸關까지는 110리이다.

동북쪽으로는 중경中京에 당도한다. 북문北門을 나가서 고장성古長城을 지나 망경望京까지가 40리이고 또 온여하溫餘河[6]·대하파大廈陂를 지나서 50리를 가면 순주順州에 도달한다. 동북쪽으로 백여하白璵河를 지나 70리를 가면 단주檀州에 도달하는데 여기서부터는 점차 산길로 접어든다. 50리를 가면 금구정金溝淀에 도착하는데 산길로 접어들어 길이 구불구불하고 다시 이후里堠[7]는 나타나지 않는다.

조선하朝鮮河[8]를 지나 90리를 가면 북쪽으로 고하구古河口[9]에 도달한다. 양쪽 곁으로 고산준령이 언덕처럼 높이 치솟아 그 사이로 수레 한 대 겨우 지나다닐 만한 좁은 길이 나 있다. 이 길을 따라서 80리를 가면 신관新館에 당도한다. 조과령鵰窠嶺을 지나서 40리를 가면 와여래관臥如來館에 당도하고 여기서 또 70리를 가면 유하관柳河館에 도달한다.

송정령松亭嶺을 지나서 70리를 가면 타조부락打造部落에 도달하고 또 동남쪽으로 50리를 가다 보면 우산관牛山館에 당도한다. 80리를 더 가면 녹아협관鹿兒峽館에 당도하고 다시 90리를 더 가다 보면 철장관鐵漿館에 도착한다.

북참산北塹山[10]으로부터 70리를 가면 부곡관富谷館에 당도하고 또 80리를 더 가면 통천관通天館에 도착하며 여기서 다시 20리를 더 가면 중경中京에 도착한다.[11]

남쪽으로는 웅주雄州[12]에 당도하는데 남문南門을 나가서 노고하盧孤河[13]를 건너 60리를 가면 양향현良鄉縣[14]에 도달한다. 또 유리하琉璃河·범수范水·탁수涿水를 지나서 탁주涿州[15]에 도달하는데 모두 10리이다. 또 70리를 가면 신성현新城縣[16]에 도달하고 또 40리를 더 가면 백구하白溝河[17]에 도달하며 백구하白溝河를 건너면 웅주雄州에 당도한다.

2. 조선하朝鮮河 사료 원문

子部/兵家類/武經總要/前集/卷十六下/北番地理

燕京州軍十二

中原舊地 幽州 古冀北之地 舜置幽州 東有朝鮮遼東
北有樓煩白檀 西有雲中九原 南有滹沱易州 唐置范陽
節度 臨制奚契丹 理幽州 自石晉割賂戎主 建為南京
又改燕京 東至符家口 三百九十里 正東微北 至松亭關
四百五十里 西至中山口百里 正西微北 至居庸關 一百
一十里 東北至中京 出北門 過古長城 至望京四十里
又過溫餘河 大厦陂 五十里至順州 東北過白璵河 七十
里 至檀州 自此漸入山 五十里 至金溝淀 入山屈曲 無
復里堠 過**朝鮮河** 九十里 北至古河口 兩傍峻崖 有
路僅容車軌 八十里 至新館 過鷗窠嶺 四十里 至卧如
來館 又七十里 至栁河館 過松亭嶺 七十里 至打造部

落 又東南行五十里 至牛山館 八十里 至鹿兒峽館 又
九十里 至鐵漿館 自北塹山 七十里 至富谷館 又八十
里 至通天館 又二十里 至中京 南至雄州 出南門 渡盧
孤河 六十里 至良鄉縣 又過琉璃河 范水 涿水 至涿州
共十里 又七十里 至新城縣 又四十里 至白溝河 渡河
至雄州

3. 사료적 가치

『무경총요武經總要』는 역사를 전문으로 다룬 역사서가 아니라 북송北宋 때 군사제도와 군사이론을 기록한 중국 최초의 관찬병서官撰兵書이다. 그런데 전집前集 20권 중에 실린 「변방邊防」 5권은 산천山川·지리地理와 관련된 내용을 상세히 기술한 것으로서 당시의 송宋나라가 처한 지리적 역사적 상황을 살피는 데 매우 귀중한 자료가 된다.

지금은 북경北京이 중원의 수도로서 전 중국의 정치·경제의 중심이 되어 있다. 하지만 북송北宋 당시의 수도는 현재의 하남성河南省 개봉시開封市에 자리잡고 있었다. 오늘의 북경은 요遼나라의 영토에 소속되어 처음에는 남경南京이라고 했다가 다시 연경燕京으로 고쳐 불렀다. 그러므로 이 책에서는 연경燕京이 송宋나라의 「변방邊防」 부문에 편입되어 그 산천과 지리가 다루어지고 있는데, 연경燕京의 지리를 설명하는 내용 가운데 조선하朝鮮河라는 이름이 나온다.

북송 당시 요遼나라의 수도는 오늘날 내몽고자치구 영성현寧城縣에 자리잡고 있었고 명칭은 중경中京이라고 하였다. 따라서 연경燕京에서 중경中京에 가려면 북문北門을 나가서 고장성古長城을 지나고 망경望京(지금의 북경시 조양구朝陽區 망경望京), 온여하溫餘河·순주順州(지금의 북경시 순의구順義區), 단주檀州(지금의 북경시 밀운현密雲縣), 고북구古北口를 거쳐서 북쪽으로 가게 되어 있었다. 그런데 고북구古北口에 당도하기 전에 먼저 조선하朝鮮河를 건너서 간다고 이 책은 기록하고 있는 것이다.

『무경총요武經總要』는 지금으로부터 근 천여 년 전인 1044년에 편찬되었다. 이 책의 편간 연대는 태조太祖 이성계李成桂가 조선朝鮮을 건국한 것보다 348년을 앞선다. 따라서 시기적으로 볼 때 여기서 말하는 조선하朝鮮河는 600여 년 전에 압록강 이남에 건국되었던 이씨조선李氏朝鮮과는 전혀 무관한 것이다. 그렇다면 우리는 여기서 두 가지 의문에 봉착하게 된다. 첫째는 조선하朝鮮河의 조선朝鮮은 어떤 조선朝鮮을 가리키는 것인가 하는 것이고, 둘째는 조선하朝鮮河가 북송北宋시기에 어째서 오늘의 북경시 북쪽 지역에 위치해 있었는가 하는 것이다.

이 자료는 우리의 고조선사古朝鮮史를 새롭게 정립하는 데 초석이 될 수 있는 매우 획기적인 귀중한 자료라고 본다. 여기서 말하는 조선朝鮮은 후기의 이씨조선李氏朝鮮에서 유래된 것이 아니라 고대의 고조선古朝鮮에서 유래된 것임은 두 말할 나위 없다. 그리고 조선하朝鮮河가 압록강 이남 지역의 평양平壤이나 서울 일대가 아닌 북경北京 부근에 있었다는 것은 고대의 조선朝鮮은 한반도가 주무대가 아니라 대륙 깊숙이 중원에 자리하고 있었던 사실을 단적으로 증명한다고 할 것이다.

『무경총요武經總要』는 『삼국사기三國史記』·『삼국유사三國遺事』보다 200여 년을 앞서서 편간된 책이다. 그런데 김부식金富軾과 일연一然은 안타깝게도 그들의 저서에서 이와 같은 중요한 기사들을 빠뜨렸다. 오늘날 한국 사학계에서는 『삼국사기三國史記』·『삼국유사三國遺事』를 쌍벽을 이루는 한국 최고의 고대 사서史書로 평가하여 여기서 다루어지지 않은 것은 실재 역사로 인정하지 않는 풍조가 대세를 이루고 있지만 우리가 『삼국사기三國史記』·『삼국유사三國遺事』 만으로는 우리의 고조선사古朝鮮史를 정립할 수 없는 이유가 여기에 있다.

우리의 조상들이 직접 고구려·백제·신라 등 삼국三國 시대 이전의 고대조선사古代朝鮮史를 전문으로 다룬 『고조선비사古朝鮮秘詞』와 같은 역사서는 우리가 속국이나 다름없던 명청明淸시대, 그리고 식민통치를 받던 일제강점기를 거치면서 거의 유실되고 지금은 따로 전하는 것이 없다.

이런 상황에서 잃어버린 우리의 고대 조선사朝鮮史를 되찾을 수 있는 길은 바로 『사고전서四庫全書』와 같은 자료의 보고寶庫에서 고조선古朝鮮 관련 사료史料를 찾아내 『고조선사기古朝鮮史記』를 편찬하는 것이다.

『무경총요武經總要』는 그 사료적 가치가 뛰어난 책이다. 이 책의 저자 증공량曾公亮은 북송北宋 왕조王朝에서 동중서同中書 문하평장사門下平章事와 집현전태학사集賢殿大學士를 역임한 중신이다. 뿐만 아니라 일찍이 이 책 외에도 『신당서新唐書』와 『영종실록英宗實錄』의 편찬에도 참여한 바 있는 당시의 대표적인 역사학자였다. 그리고 다른 한 사람의 저자인 정도丁度는 벼슬이 참지정사參知政事와 단명전학사端明殿學士에 이른 당시의 대표적인 군사가로서 이 책 이외에『비변요람備邊要覽』·『경력병록慶曆兵錄』·『섬변록贍邊錄』 등의 저서를 남겼다. 이 책은 바로 북송왕조北宋王朝의 대표적인 역사학자와 군사가가 황제의 명을 받아 4년여의 정력을 기울인 끝에 완성하여 펴낸 역작으로서 어느 정사正史에 뒤지지 않는 참으로 권위 있는 사료이다.

여기에 나오는 조선하朝鮮河의 기사가 허위일 수 없고 조작일 수 없다. 또 저들이 사실이 아닌 조선하朝鮮河의 기사를 허위로 조작하여『무경총요武經總要』에 기재할 하등의 이유가 없다. 혹시 이 책의 저자인 증공량曾公亮이나 정도丁度가 요遼나라의 거란족契丹族이었다면 송宋나라 역사를 왜곡시키기 위해서 또는 송宋나라 영토를 축소시키기 위해서 조선하朝鮮河 기사를 여기에 허위로 조작해 끼워 넣었다고 상상이라도 해볼 수 있겠지만 증공량曾公亮·정도丁度는 모두 북송北宋 사람인데다 한족漢族으로서, 정도丁度는 송宋나라 수도 개봉開封에서 태어났고 증공량曾公亮은 그의 묘소가 지금도 하남성河南省 신정시新鄭市에 보존되어 있다.

이런 그들이 송宋나라를 위한 군사서軍事書를 편찬하면

서 북송시北京市 고북구古北口 부근에 있지도 않은 조선
하朝鮮河 기록을 끼워 넣었을 리는 만무한 것이다. 그리
고 우리가 천여 년 전에 북경시 부근에 조선하朝鮮河가
존재하고 있었던 것을 사실로 믿을 수밖에 없는 이유가
또 있다. 바로 그런 기록이 병가류兵家類 『무경총요武經總
要』에만 나오는 것이 아니라 그보다 앞서 쓰여진 왕증王
曾의 『왕기공행정록王沂公行程錄』에도 보인다는 사실이다.
왕증王曾은 그의 『행정록行程錄』에서 『무경총요武經總要』에
서 말한 것과 비슷한 내용을 언급하면서 조선하朝鮮河의
별칭을 칠도하七度河라고 한다는 내용까지 소개하였다.

왕증王曾(978~1038)은 송宋나라 천주泉州 사람으로 송나라
진종真宗 함평咸平 5년(1002)에 과거시험을 치렀는데 향시鄕試·
회시會試·정시廷試에서 모두 장원壯元을 하였다. 과거제도를
시행한 지 1,300년 동안에 연이어 삼장원三壯元을 모두
차지한 경우는 17명뿐이라고 하는데 왕증王曾이 바로
그 중의 한 사람이었던 것이다. 우리나라에서는 조선왕
조朝鮮王朝 500년 동안 율곡栗谷 이이李珥가 과거시험에서
삼장원三壯元을 모두 차지하여 구도장원공九度壯元公으로
이름이 높았다. 그래서 율곡栗谷 이이李珥를 매월당梅月堂
김시습金時習과 함께 조선왕조 500년간의 최고의 천재로

꼽는데 왕증王曾 또한 그에 못지않은 천재성을 지닌 인물이었다고 하겠다.

왕증王曾은 송나라에서 직사관直史館·사관수찬史館修撰 같은 벼슬을 역임하면서 역사편찬에 직접 관여하기도 했다. 벼슬은 나중에 최고 군사기구의 장관격인 추밀사枢密使에 올랐고 재상宰相을 두 차례나 역임하기도 했다. 그리고 기국공沂國公에 봉해졌다.

『왕기공행정록王沂公行程錄』은 그가 송나라의 특사로 요遼나라에 사신으로 갈 때 송나라 변경에서 요나라 수도 중경中京, 즉 오늘의 내몽고 영성현寧城縣까지의 중간 경유지들을 일정표 형식으로 적은 것인데 그가 기국공沂國公에 봉해졌기 때문에 후인들이 이를 『왕기공행정록王沂公行程錄』이라고 이름을 붙인 것이다.

왕증王曾과 같은 비중 있는 인물이 "조선하朝鮮河의 별칭이 칠도하七度河이며 이를 건너서 고북구古北口에 당도했다"라고 그의 『행정록行程錄』에서 기록했다면 우리는 그 기록을 사실로 신뢰해도 좋을 것이다.
그리고 시기는 좀 뒤지지만 조선하朝鮮河에 대한 기

록은 『석진지집일析津志輯佚』에도 보인다. 『석진지집일析津志輯佚』은 원元나라 말엽의 학자 웅몽상熊夢(蒙)翔이 원나라 대도大都 즉 오늘의 북경에 대해 기술한 책이다. 석진析津은 부府의 명칭으로 요遼나라와 금金나라 때 지금의 북경을 연경燕京 석진부析津府라고 호칭한 데서 유래했다.

이 책에서는 당시 원나라 수도의 관서官署·수도水道·방항坊巷·묘우廟宇·고적古跡·풍속風俗 등과 관련된 매우 귀중한 자료들을 찾아볼 수 있다. 이 책은 현재까지 발견된 저작 중에서는 최초의 북경 관련 전문 지방사지地方史志로 평가받고 있다. 명明나라 초기에 편찬된 『북평도경지서北平圖經志書』나 『순천부지順天府志』 등은 모두 『석진지집일析津志輯佚』에서 많은 자료를 인용하고 있다.

그런데 북경의 역사를 전문으로 다룬 북경지방사지北京地方史志인 『석진지집일析津志輯佚』에 조선하朝鮮河와 습수濕水가 등장한다. 이는 『무경총요武經總要』나 『왕기공행정록王沂公行程錄』과 일맥상통하는 기록이다.

『무경총요武經總要』의 「연경주군燕京州軍」 서두에 "순치유주舜置幽州 동유조선요동東有朝鮮遼東"이라는 기록이 나온다. 유주幽州의 동쪽은 북경의 동쪽을 가리킨다. 이 기록에도 이미 오늘날 북경의 동쪽에 조선朝鮮이 있었다는 사실이 밝혀져 있는 셈이다.

하지만 우리는 오랫동안 식민사관과 사대사관에 젖어 왔기 때문에 이런 기록들을 사실대로 받아들일 눈과 귀를 갖고 있지 못하였다. 그래서 지금까지 우리의 고조선사古朝鮮史는 축소된 반도사에 갇혀 있었다. 그러나 이제 조선하朝鮮河가 북경시 북쪽에 있었다는 기록이 발견되었고, 여러 자료를 통해서 추적한 결과 그것이 오늘의 북경시 북쪽 고북구古北口 서쪽을 흐르는 조하潮河라는 사실도 판명되었다.

조선하朝鮮河는 아마도 고대 조선朝鮮의 서쪽 국경선이었을 것이다. 즉 연燕나라와 조선朝鮮의 국경선, 한漢나라와 조선朝鮮의 국경선이었을 것이다. 『사기史記』 「조선열전朝鮮列傳」에 나오는 섭하涉何가 건너서 왔다는 강도이 조선하朝鮮河일 것이고 위만衛滿이 건너서 왔다는 강도 역시 이 조선하朝鮮河였을 것이다. 그렇다면 저들이 조선朝鮮으로 오면서 건너왔다는 패수浿水는 이병도의 주장처럼 북한에 있는 청천강淸川江이 아니라 바로 오늘의 조하潮河일 가능성이 높다고 본다.

'청천강 패수설'은 '대동강 낙랑설'과 함께 반도사관의 핵심적인 요소가 되어 왔다. 하북성의 조하 즉 조선하가 바로 패수라는 사실이 밝혀진다면 요서고조선의 실체가 드러나게 된다.

패수浿水는 상흠桑欽의 『수경水經』에서 "낙랑樂浪 누방현鏤方縣에서 나와 동남쪽으로 임패현臨浿縣을 지나서 동쪽으로 흘러 바다로 들어간다"라고 하였다.

북위北魏의 역도원酈道元은 『수경水經』에 주注를 내면서 고구려국의 패수浿水는 동쪽으로 흘러 바다로 들어가는 것이 아니라 서쪽으로 흘러 바다로 들어간다는 점을 들어 "패수浿水가 동쪽으로 흘러 바다로 들어간다"라고 한 「수경水經」의 기록이 틀렸다고 반박하였다. 그러나 이것은 대동강 유역에 있던 고구려의 패수浿水와 요서遼西에 있던 고조선古朝鮮의 패수浿水를 구분하지 못한 데서 온 오류라고 본다.

『수경水經』에서 "패수浿水가 낙랑군樂浪郡 누방현鏤方縣에서 발원하여 임패현臨浿縣을 경유한다"라고 말했는데 임패현臨浿縣에 대해 『수경주석水經注釋』의 저자 일청一清은 "『양한지兩漢志·『위지魏志』·『수지隋志』·『오대지五代志』에 모두 임패현臨浿縣에 관한 기록이 없다. 어디에서 이런 이름이 나오게 되었는지 알 수 없다. 이것이 『수경水經』 중에서 제일 의심되는 부분이다"라고 하였다.

임패현臨浿縣이란 기록은 한漢나라 이후의 다른 문헌에는 나오지 않는다. 그렇다면 『수경水經』의 저자 상흠桑欽은 임패현이란 지명을 어디에서 보고 이런 지명을 들어 말하였을까. 없는 지명을 상흠桑欽이 만들어서 기록했을 리는 만무하다. 이는 후세의 중국 사람들이 조선朝鮮의 역사와 관련이 깊은 패수浿水의 위치를 숨기기 위해 본래의 지명을 그대로 기록하지 않고 다른 글자로 바꿔 쓴 데서 연유한 것일 가능성이 많다고 본다.

그러면 패수浿水의 발원지라는 누방현鏤方縣의 위치는 과연 어디일까. 『요사遼史』 권38 「지리지地理志」에 "자몽현紫蒙縣은 본래 한漢나라의 누방현"이라는 기록이 나온다. 패수浿水의 발원지로 알려진 한나라의 누방현鏤方縣은 바로 요나라의 자몽현紫蒙縣이라는 것이다.

요遼나라의 자몽현紫蒙縣을 지금의 요녕성遼寧省 신민시

新民市 일대로 비정하는 견해가 있는데 이것은 믿을 만하지 못하다. 왜냐하면 한漢나라의 통치영역은 오늘의 조하潮河를 넘지 않았기 때문이다.

『십육국강역지十六國疆域志』「전연록前燕錄」에 의하면 "요遼나라 원강元康 4년에 대극성大棘城에 도읍都邑을 정하였는데 이곳이 이른바 자몽지읍紫蒙之邑이다"라고 하였다.

그리고 『진서晉書』「재기載記」 <모용외기慕容廆記>에 의하면 "모용외의 자는 혁락괴로 창려 극성 선비인이다. 그들의 선조는 유웅씨의 후손이다. 대대로 북이北夷 지역에 거주하면서 자몽紫蒙의 벌판에 도읍을 정했으며 호칭을 동호東胡라고 하였다(慕容廆字奕洛瓌 昌黎棘城鮮卑人也 其先有熊氏之苗裔 世居北夷 邑于紫蒙之野 號曰東胡)"라고 기록되어 있다. 이어서 "증조 막호발이 위나라 초기에 그들의 여러 부족들을 인솔하고 요서에 들어가 거주했다. 선제를 따라 공손씨를 정벌함에 공로가 있어 솔의왕에 임명되었으며 극성의 북쪽에서 최초로 건국하였다(曾祖莫護跋 魏初率其諸部 入居遼西 從宣帝伐公孫氏有功 拜率義王 始建國於棘城之北)"라고 말하고 있다.

이 기록은 자몽紫蒙은 극성棘城의 북쪽에 있던 북이北夷의 땅으로서 본래 동호東胡가 살던 터전이었다는 사실을 말해준다. 동호東胡는 바로 연燕나라 북쪽에 있던 동북방 민족으로서 연燕나라 장수 진개秦開에 의해서 각지천리却地千里 즉 땅을 천리를 잃어버리기 이전까지 그들의 주요 활동무대는 오늘의 하북성 동북방 일대였다.

그렇다면 여기서 말하는 요나라의 자몽지야紫蒙之野란 바로 오늘날 북경시 고북구진古北口鎭 북쪽 조하潮河의 상류 풍녕만족자치현豊寧滿族自治縣 북쪽 일대일 가능성이 많다고 본다. 지금까지 중국 사료에 패수浿水의 기록은 왜곡이 너무 많기 때문에 오리무중에 쌓여 있는 현실이다. 그러나 패수浿水의 발원지 누방현鏤方縣을 북이北夷 동호東胡의 터전인 극성棘城의 북쪽 자몽지야紫蒙之野로 본다면 의문의 실마리는 풀린다.

풍녕만족자치현豊寧滿族自治縣에서 북쪽으로 그리 멀지 않은 곳에는 청淸나라 때 황제들이 수렵장소로 활용하던 드넓은 벌판 목란위장木蘭圍場이 자리하고 있다. 지금은 위장만족몽고족자치현圍場滿族蒙古族自治縣이라고 불리는 이곳이 바로 춘추전국春秋戰國시대엔 북이北夷 동호東胡의 터전이었고 위진魏晉시대엔 선비鮮卑 모용외慕容廆가 건국했던 자몽지야紫蒙之野일 가능성이 다분히 높다고 여겨진다.

그리고 패수浿水와 관련해서 또 하나 주목할 점은 『한서漢書』「지리지地理志」에 나오는 백단현白檀縣의 혁수洫水이다. 백단현白檀縣의 혁수洫水에 대하여 『한서漢書』「지리지地理志」에서는 "백단현의 북쪽 만이蠻夷의 가운데서 발원하는데 일명 포구수라고도 부른다(出縣北蠻夷中 亦名鮑邱水)"라고 말하였다.

포구수鮑邱水에 대하여 『수경주水經注』에서는 이렇게 설명하고 있다. "포구수는 어이진禦夷鎭 북방변경 지역에서 발원하여 남쪽으로 흘러 구장령 동쪽을 경유하는데 세속에서는 이를 대유하大楡河라 부른다.(鮑邱水出禦夷 北塞中 南流逕九莊嶺東 俗謂之大楡河)"

백단현白檀縣은 서한西漢시대에 설치된 현縣의 명칭으로 백단산白檀山에서 유래했다. 『북주지리지北周地理志』·『중국역사지도집中國歷史地圖集』·『사해辭海』 등에서 그 지리적 위치를 모두 지금의 하북성河北省 난평현灤平縣 동북쪽 일대로 비정하였다.

『한서漢書』「지리지地理志」에서는 "혁수洳水가 백단현白檀縣 북쪽 만이蠻夷 지역에서 발원한다"라고 말하고 『수경주水經注』에서는 혁수洳水의 다른 명칭인 포구수鮑邱水가 "어이진禦夷鎭 북방 변경 중에서 발원한다"라고 말하였는데 이는 "패수浿水가 누방현鏤方縣 즉 동호東胡 북이北夷의 땅에서 발원한다"라고 말한 『수경水經』의 기록과 일치한다.

산융山戎·동호東胡는 상고시대에 오늘의 하북성 북부, 요녕성 서남부와 내몽고자치구 동남부에서 고죽孤竹·영지令支·도하屠何·무종無終 등의 국가를 건립했다. 이들은 강대한 세력으로서 연산燕山 일대에서 생활하면서 중원中原의 연燕나라·제齊나라 등 여러 나라와 대치했다.

오늘날 조하潮河의 상류에 해당하는 난평현灤平縣 북쪽 풍녕만족자치현豐寧滿族自治縣 일대는 바로 이들 산융山戎·동호東胡의 활동무대였다. 그래서 '만이蠻夷의 땅'이니 '어이禦夷 북새중北塞中'이니 하고 말한 것이다.

『흠정열하지欽定熱河志』의 다음과 같은 기록은 이런 내

용을 이해하는 데 참고가 될 것이다. "대저 조하潮河의 원류는 지금의 풍녕현 경내에 있다. 『한서漢書』「지리지地理志」에서는 '만이蠻夷 가운데 있다'라고 말하였고 상흠의 『수경』에서는 '변경 밖에서 흘러왔다'라고 말하였으며 역도원의 『수경주』에서는 '어이진 북쪽 변경 중에 있다'라고 말하였다. 그렇다면 이 지역은 그 당시에 본래 변경의 외부에 위치하여 중국 군현의 미칠바가 아니었음을 더욱 분명히 알 수 있다.(夫潮河源 在今豐寧縣境 而漢志謂在蠻夷中 桑欽水經謂從塞外來 道元注謂在禦夷北塞中 則斯地 在當時本處邊外 而非郡縣所及 益可知矣)"

그리고 『흠정열하지欽定熱河志』 권70에는 이런 기록도 나온다.
"살피건대 『한서漢書』「지리지地理志」에는 백단현에 혁수洫水가 있다. 『수경주』에는 이 혁수를 유수濡水 조항 아래에 삽입시켰다. 혹자는 혁수의 혁자와 유수의 유자가 본래 서로 근사한 것이 아닌가 여기기도 한다. 그러나 안사고가 비여현의 유수에 대하여 주석을 낼 때는 음을 내관반乃官反이라 하였고 이 혁수에 대하여는 음을 호격반呼鵙反이라 하였다. 분명 한 글자에 음을 둘로 하고 동일한 강물에 주석을 두 가지로 달지는 않았을 것이다. 이는 『한서』가 기록하는 과정에서 오류를 범한 것이 아니라 역도원이 『한서』를 잘못 인용한 것임을 알 수 있다.(按 漢志 白檀縣沠 水經注 引以入濡水條下 或疑沠字與濡字 本相近 然師古注肥如縣濡水 音乃官反 此沠水 音呼鵙反 不應一字兩音 一水兩注 知非漢書 傳寫之誤 乃酈氏誤引漢書也)"

역도원酈道元이 『수경주水經注』를 저술하면서 『한서漢書』 백단현白檀縣 조항에 나오는 혁수沠水를 끌어다가 유수濡水 조항 아래에 삽입시켰다. 이는 역도원이 혁수沠水의 혁沠자와 유수濡水의 유濡자가 서로 비슷하여 『한서漢書』가 기록상의 오류를 범한 것이라고 판단한 것일 수 있다. 그러나 안사고顏師古에 따르면 유濡의 음은 내관반乃官反의 '난'이고 혁沠의 음은 호격반呼鵙反의 '혁'으로서 음이 분명히 서로 다르기 때문에 『한서漢書』가 기록상의 오류를 범한 것이 아니라 역도원酈道元이 『한서』를 잘못 인용한 것이라는 뜻이다.

어느 모로 보나 혁沠자와 유濡자는 글자 자체가 판이하게 다르다. 혁沠자는 그 글자모양으로 볼 때 유濡자보다는 패浿자와 훨씬 더 유사하다. 필사筆寫하는 과정에서 패浿자를 혁沠자로 착오를 일으킬 수는 있지만 혁沠자가 유濡자로 될 가능성은 많지 않다. 혁수沠水라는 강물 이름은 『한서漢書』「지리지地理志」 이외에 다른 문헌에는 전혀 나오지 않는다는 점에서 이는 의도적이든 우연이든 착오가 분명하다. 그런데 백단현白檀縣 즉 오늘의 난평현灤平縣 북쪽에 발원지를 두고 있는 대표적인 강은 난하灤河와 조하潮河뿐이다. 그래서 더러는 혁수洫水를 지금의 난하灤河로 보기도 한다.『중문대사전中文大辭典』에서도 그렇게 풀이했다.

그러나 파언고이도산巴彥古爾圖山 북록北麓에서 발원하여 내몽고자치구로 유입되어 섬전하閃電河로 일컬어지고 하북성河北省 융화현隆化縣 곽가둔진郭家屯鎮 부근에서 소난하小灤河와 합쳐지는 난하灤河는 엄격히 말하면 그 상류는 백단현白檀縣의 북쪽이 아니라 서북쪽에 해당하고 백단현白檀縣 북쪽의 대표적인 강물은 조하潮河인 셈이다. 따라서 역도원酈道元은『수경水經』의 주注를 내면서 패수浿자와 혁洫자의 구조상의 유사성으로 보나 또 두 물의 발원지상 방향의 일치성으로 보나 혁수洫水를 유수濡水 조항 아래에 편입시킬 것이 아니라 조하 즉 패수浿水 조항 아래에 편입시켰어야 마땅했다고 본다.

『흠정열하지欽定熱河志』에서는 혁수洫水를 유수濡水 즉 오늘의 난하灤河로 보는 것을 반대하고 혁수洫水가 오늘의 조하潮河라고 주장하였다. 그러나 여기서는 혁수洫水는 바로 패수浿水라는 지적은 하지 않았다. 혁수洫水가 바로 패수浿水이며 패수浿水가 바로 조하潮河라는 사실을 최초로 언급한 것은 정본『한단고기』(한뿌리, 2005년도간)이다.

그것을 인용하면 다음과 같다. "연나라의 노관이 요동의 옛 요새를 다시 수리하고 패수를 동쪽의 경계로 삼았다. 패수는 지금의 조하이다.(燕盧綰 復修遼東故塞 東限浿水 浿水 今潮河也)"

그러나『한단고기』에는 "패수가 오늘의 조하"라는 사실만을 간단히 언급한 채 구체적인 설명은 생략되어 있다. 그러면 오늘의 조하潮河가 바로 패수浿水인 이유를 다섯 가지 구체적인 사례를 들어 아래에서 설명하기로 한다.

1. 『무경총요武經總要』에 "연경燕京에서 중경中京을 가는 도중에 조선하朝鮮河를 지나서 고북구古北口에 도달한다"라고 하였다. 이 기록에 따르면 조선하朝鮮河는 고북구古北口 서쪽에 있어야 하는데 조하潮河는 고북구古北口 서쪽에 있고 난하灤河는 고북구古北口 동쪽에 있다. 이는 조하潮河가 조선하朝鮮河였다는 확실한 증거가 된다.

패수浿水는 『사기史記』「조선열전朝鮮列傳」에서 살펴보면

연燕나라와 조선朝鮮의 국경선이었고 또한 한漢나라와 조선朝鮮의 국경선이기도 하였다. 위만衛滿은 서쪽에서 패수浿水를 건너서 조선朝鮮에 왔고 섭하涉何는 패수浿水를 건너 조선朝鮮에서 중국으로 도망쳤다. 이는 패수浿水가 중국과 조선 양국兩國의 국경선이긴 하지만 조선朝鮮에 속하는 조선하朝鮮河였음을 말해준다. 따라서 패수浿水와 조하潮河는 조선하朝鮮河라는 공통점을 갖고 있다.

2. 『한서漢書』 「지리지地理志」에 "혁수洫水는 다른 이름으로 포구수鮑邱水이다"라고 하였다. 여기서 말하는 혁수洫水는 패수浿水의 오기誤記이고 패수浿水·포구수鮑邱(丘)水는 원래는 중원中原의 강 이름이 아니라 만이蠻夷 지역 북쪽 변방의 강 이름을 한자漢字로 번역한 명칭일 것으로 본다. 그렇다면 패浿와 포구鮑邱는 만이蠻夷의 어떤 발음을 그렇게 번역한 것일까. 포鮑는 현재의 중국어로는 '빠오'로 발음하고 패浿는 '페이'로 발음한다. '빠오'나 '페이'는 우리 말 '밝'을 된 발음 했을 때 나는 음과 유사하다. 포구鮑丘의 구丘는 '터'이다. 패수浿水와 포구수鮑丘水는 우리 말 '밝달강' '배달강' 즉 조선하朝鮮河의 고대 중국식 번역일 가능성이 높다고 하겠다.

3. 패수浿水가 있는 백단현白檀縣은 그곳에 백단산白檀山이 있어 거기서 현縣의 명칭이 유래했다. 백단白檀은 역시 우리 말 '밝달'의 한자식 표현이라고 본다. '밝달산' 밑에 '밝달현'이 있다면 밝달현 지역에 흐르는 강물이 '밝달강'인 것은 지극히 자연스러운 일이다. 이를 중국인이 한자로 번역한 것이 포구수鮑邱水·패수浿水이고 그것의 다른 이름이 조선하朝鮮河였다고 하겠다.

4. 만이蠻夷와 북방 변경에서 발원한다는 혁수洫水의 발원지를 『흠정열하지欽定熱河志』는 하북성河北省 풍녕현豐寧縣 북쪽으로 보았다. 패수浿水의 발원지 북이北夷 자몽지야紫蒙之野는 혁수洫水·조하潮河의 발원지인 지금의 풍녕만족자치현豐寧滿族自治縣 일대와 정확히 일치한다.

5. 패수浿水는 상흠桑欽의 『수경水經』에서 "낙랑樂浪 누방현鏤方縣에서 발원하여 동남쪽으로 임패현臨浿縣을 지나서 동쪽으로 흘러 바다로 들어간다"라고 하였다. 오늘의 조하潮河는 하북성 풍녕만족자치현豐寧滿族自治縣 조하원촌潮河源村에서 발원하여 풍녕만족자치현豐寧滿族自治縣 중부와 난평현灤平縣 서부를 경유하고 장성관長城關 고북구진古北口鎭을 지나 지금의 밀운密雲 저수지에 유입된다.

이 이후로는 백하白河와 합쳐지며 '조백하潮白河'라 불린다. 조백하潮白河는 북경시北京市·낭방시廊坊市·천진시天津市를 경유하여 계운하薊運河 입구에서 동쪽으로 발해渤海에 주입된다. 동쪽으로 바다에 유입되는 조하潮河는 바로 "동쪽으로 흘러서 바다에 유입된다"는 패수浿水와 바다로 유입되는 방향이 일치한다.

역사상에서 패수浿水·포구수鮑邱水·대유수大楡水·조선하朝鮮河·칠도하七度河 등으로 불리며 유장한 세월 동안 동북방민족과 함께 해온 오늘의 조하潮河는 그 길이가 157킬로미터에 달한다.

연산산맥燕山山脈을 지나고 화북평원華北平原을 경유하여 발해渤海로 유입되는 조하潮河는 일찍이 수천 년의 유구한 역사를 산융山戎·동호족東胡族 등과 호흡을 함께 해왔다. 조하潮河 양안兩岸의 비옥한 토지, 광활한 벌판은 산융山戎·동호東胡를 잉태하고 그 자손들을 양육한 터전이었다.

조하潮河는 지금 말이 없다. 침묵 속에 하북성 동북쪽을 흐를 뿐이다. 그러나 천 년 전의 중국인에 의해 쓰여진 『무경총요武經總要』와 『왕기공행정록王沂公行程錄』은 그 강의 본래 이름이 조하潮河가 아니라 조선하朝鮮河였다고 말해주고 있다.

조하潮河는 천 년 만에 잃어버린 본래 이름을 되찾았고 고조선古朝鮮은 천 년 만에 잃어버린 역사의 주요한 한 토막을 되찾았다. 2014년 갑오년은 우리 한민족의 역사광복에 있어 여러 가지로 뜻 깊은 해이다.

4. 서지사항

『무경총요武經總要』

　『무경총요武經總要』는 북송北宋 인종仁宗시기의 문신文臣 증공량曾公亮(999～1078)과 정도丁度(990～1053)가 황제의 명을 받들어 4년 동안 공력을 들여 편찬한 책으로, 중국 최초의 관찬官撰 군사軍事 저작이다. 이 책은 전집과 후집으로 나누어 구성되어 있으며 전·후집이 각각 20권으로 총 40권이다.

　전집은 군사제도와 관련된 내용이 15권이고 변방 관련 기록이 5권인데 16권과 18권은 상·하권으로 분리했다. 후집은 전쟁 고사故事 관련 내용이 15권이고 점후占候와 관련된 기록이 5권이다. 전집 20권은 송대宋代의 군

사제도를 상세하게 반영했는데 선장용병選將用兵·교육훈
련教育訓練·부대편성部隊編成·행군숙영行軍宿營·고금진법古今陣
法·통신정찰通信偵察·성지공방城池攻防·화공수전火攻水戰·
무기장비武器裝備 등을 모두 포괄하고 있다. 특히 영진營
陣·병기兵器·기계器械 부문에서는 모두 상세한 삽도插圖를
곁들이고 있어 중국 고대 병기사兵器史를 연구하는 데 매
우 귀중한 자료가 되고 있다.

후집 20권은 역대 용병用兵의 고사故事를 수집 기록하
여 적지 않은 고대 전쟁사례 자료를 보존하고 있다. 또
여기서는 역대의 전쟁과 전쟁사례 그리고 용병用兵의
득실 등을 분석 평가하는 작업을 하였다. 이 책은 군사
이론과 군사기술, 양대 부분을 포괄하여 비교적 높은
학술적 가치를 지니고 있다고 할 수 있다.

북송시대 전기에는 변경방위에 대한 수요가 컸다. 따
라서 문무관원들에게 역대 군사정책과 군사이론에 대한
연구가 제창되었다. 중국 최초의 관찬官撰 신형 병서兵書라
할 수 있는『무경총요』가 북송시기에 편찬된 것은 이런 시
대적 배경과 관련이 있다고 하겠다.

이 책은 북송北宋 경력慶歷 연간(1041～1048)에 처음 간행되었고 남송南宋 소정紹定 4년(1231)에 중간重刊되었으나 송간본宋刊本은 지금 전하지 않는다. 현재 전하는 판본版本으로는 명明나라 홍치弘治·정덕正德 연간에 남송南宋 소정본紹定本에 의거하여 중각重刻한 본본, 명明나라 홍치弘治 17년(1504) 이찬李贊의 각본刻本, 명明나라 금릉서림金陵書林 당복춘唐福春의 각본刻本, 『사고전서四庫全書』 본本 등이 있다.

5. 조선하朝鮮河 사료 주석

1. 유주幽州 : 중국의 고대 지명으로 지금의 하북성河北省 북 경시北京市와 천진시天津市의 북부 일대가 여기에 해당하 는 지역이다. 남쪽에는 기주冀州(하북성 남부)가 있었고 서쪽에는 병주并州(산서성 동부·북부)가 있었다. 북쪽과 동쪽은 장성長城 바깥 지역으로 조선朝鮮과 요동遼東이 있 었다.

   상고시대에는 계국薊國이 있던 곳이고 춘추春秋시대 중 기에 연燕나라가 계국을 멸망시키고 이곳으로 천도遷都 했다. 한당漢唐시대를 거치면서 명칭·치소治所·범위는 다소 변화가 있었지만 기본적인 위치에는 변함이 없었 다. 뒤에 송태종宋太宗 조광의趙光義가 북벌北伐할 때는 그 곳의 명칭이 유주幽州로 불렸다.

   조광의趙光義의 북벌이 실패한 뒤에 요遼나라 회동會同 원년에 북경北京 지역에 배도陪都를 세워 남경유도부南京

幽都府라 하였고 개태開泰 원년에 석진부析津府로 고쳤으며 뒤에 연경燕京으로 바꾸었다. 유주幽州라는 명칭은 이 뒤로는 다시 사용하지 않게 되었다.

2. 호타하滹沱河 : 호타하는 역사상에서 호타滹沱·아타亞駝· 악지惡池·곽지濩池·후지厚池 등 여러 가지 명칭으로 불렸다. 속명俗名은 사하沙河이다. 산서성山西省 번기현繁崎縣 태희산泰戲山 아래 고산촌孤山村 일대에서 발원하여 서남쪽으로 흘러 대현代縣·곽현崞縣을 경과하고 꺾어져서 동남쪽으로 흘러 정양定襄·오대五臺·우盂 등 현縣을 지나 하북성河北省 경계로 진입한다. 하북성 남쪽을 가로 질러 흐르다가 천진시에 이르러 북운하北運河와 합쳐져 바다로 들어간다.

3. 역주易州가 있었다 : 이것은 전국시대 소진蘇秦이 연燕나라의 문후文侯를 만나서 유세遊說할 때 연燕이 처한 지리적 위치를 설명하면서 언급한 내용을 그대로 인용한 것이다. 전국시대의 연燕이 유주幽州 지역에 있었으므로『무경총요武經總要』에서는 소진蘇秦의 말을 인용하여 유주幽州에 대한 설명을 대신한 것이다. 그러나 여기에 나오는 지명들을 하나하나 현재의 지명과 대비시켜 설명하기에는 어려움이 있다. 예를 들어 조선朝鮮은 당시에는 연燕

의 동쪽 즉 오늘날의 하북성 동쪽 요서遼西에 있었지만 지금은 압록강 건너 대동강 유역에 조선朝鮮이 있다.

4. 석진石晉 : 오대五代 후진後晉의 별칭으로 석경당石敬瑭이 세운 나라이름이다. 오대五代 후당后唐 청태清泰 말엽에 요遼나라 황제 야율덕광耶律德光이 석경당石敬瑭을 배후에서 후원하여 후당后唐을 멸망시켰고 석경당은 후진황제 后晉皇帝라 칭하였다. 석경당은 뒤에 지금의 북경에서 산서山西 대동大同 지역에 이르는 연운燕雲 16주州를 분할해서 요遼나라에 바쳤고 요遼나라는 이 지역을 중원中原을 공략하는 전초기지로 삼았다.

5. 남경南京 : 요遼나라 5경京 중의 하나. 요遼나라의 5경京은 상경上京·중경中京·동경東京·남경南京·서경西京이다. 이 자료를 해독하는 데 요遼나라 5경京에 대한 개략적인 이해가 필요하다. 그것을 다음과 같이 요약 설명한다.

    요遼나라 태조太祖는 신책神冊 3년(918)에 건국하여 황도皇都를 세웠고 회동會同 원년(938)에 요遼나라 태종太宗이 황도를 상경上京이라 이름하고 임황부臨潢府를 설치했다. 요遼나라 태조太祖가 발해渤海를 멸망시키고 동단국東丹國을 건립했는데 천현天顯 3년(928)에 요遼나라 태종太

宗이 동평군東平郡에 발해의 거주민들을 옮기고 승격시켜 남경南京이라 호칭했으며 6년에 동단국東丹國을 폐지하고 남경南京에 중대성中台省을 설치했다.

요遼나라 태종太宗 회동會同 원년에 후진后晉이 연운燕雲 16주州의 땅을 분할하여 바치자 유주幽州를 승격시켜 남경南京 유도부幽都府로 삼고 원래의 남경南京은 동경東京 요양부遼陽府로 개정했다.

상경上京·동경東京·남경南京은 같은 해에 설립하여 삼경三京이라고 하였다. 통화統和 25년(1007)에 요遼나라 성종聖宗이 해왕奚王의 아장牙帳(장수가 기거하는 영장營帳 앞에 아기牙旗를 세우기 때문에 이렇게 부른다)에서 새로운 도읍을 건립하고 중경 대정부中京大定府라 호칭하여 원래의 삼경三京과 합하여 사경四京이라고 칭하였다.

요遼나라 성종聖宗 개태開泰 원년(1012)에 남경南京 유도부幽都府를 석진부析津府로 개정하고 중희重熙 13년(1044)에 요遼나라 흥종興宗이 대동군大同軍을 서경 대동부西京大同府로 승격시켰다.

요遼나라 흥종興宗 이후에 비로소 5경京의 체제를 갖추게 되었다. 5경은 각 지역의 통치 중심으로서 각각 군軍·주州·부府·현縣을 관할했다. 그러므로 또 5경도京道

라 칭하기도 하였다.

요遼나라 5경의 오늘날의 위치를 살펴보면 상경성上京城은 지금의 내몽고자치구 파림좌기巴林左旗 남쪽에 있었고 중경성中京城은 내몽고자치구 영성현寧城縣 서쪽 대명성大明城에 있었고 동경東京은 요녕성遼寧省 요양시遼陽市에 있었고 남경南京은 북경시 서남쪽에 있었고 연경燕京이라고도 불렀으며 서경西京은 지금 산서성山西省 대동시大同市에 있었다. 중경성中京城은 건립한 뒤에 황제가 항상 여기서 머물렀다. 역관驛館을 세우고 송宋·서하西夏·신라新羅의 사신使臣늘을 접대했다.

6. 온여하溫餘河 : 온여하溫餘河는 『문헌통고文獻通考』 권346, 「사예고四裔考」 <거란중契丹中>에는 '온유하溫榆河'로 기록되어 있다. 그리고 『왕기공행정록王沂公行程錄』에도 역시 '온유하溫榆河'로 나와 있다. 또 어떤 경우는 '온투하溫渝河'로 쓰인 곳도 있다.

『석진지집일析津志輯佚』에는 「창평현昌平縣」 <산천山川> 조항에 "榆河在州西南二十五里 出縣界 西南歷墥土堡 東南接通州 與溫餘河合"이라 기록되어 있고 「순의현順義縣」 <산천山川> 조항에는 "溫餘河大厦陂 五十里至順州"라 기록되어 있다.

또 『독사방여기요讀史方輿紀要』「창평주昌平州」 조항에는 "楡河在南二十里 一名濕餘河 水經注 源出居庸關 南流出關 謂之下口 水伏流十餘里 發爲濕餘潭 志云 濕餘河源出軍都山 至舊縣西而伏 又南復出 謂之楡河 其發處爲月兒灣 或名溫楡河 卽濕餘之訛也"라고 기록되어 있다. 온여하溫餘河는 습여하濕餘河의 오류란 것으로 온溫자가 습濕자와 비슷하므로 본래 습濕자가 온溫자로 잘못 표기되었을 수 있다. 습수濕水는 『사기집해史記集解』에 실린 장안張晏의 설에 의하면 조선朝鮮의 삼수三水 중의 하나였다.

7. 이후里堠 : 옛날에 마을 어귀에 세워두던 토보土堡로서 동네를 수호하고 적의 침입을 관찰하는 용도로 사용되었다. 송宋나라 왕증王曾의 「상거란사문上契丹事文」에 "自此入山 詰曲登陟 無復里堠"라고 나온다.

8. 조선하朝鮮河 : 송宋나라 왕증王曾의 『왕기공행정록王沂公行程錄』에는 "五十里至金溝館……自此入山……過朝鯉河 亦名七度河 九十里 至古北口"라 기록되어 있어 본 자료의 내용과 기본적으로 일치한다. 다만 조선하朝鮮河를 조리하朝鯉河라 하고, 그것을 일명 칠도하七度河라고도 부른다는 설명을 추가하고 있는 점이 약간 다르다. 여기서 조리하朝鯉河는 선鮮자를 이鯉자로 잘못 표기한 것으로 조선하朝鮮河의

오기誤記가 분명하다고 할 것이다. 그리고 조선하朝鮮河에 대한 기록은 원元나라 웅몽상熊夢祥의 『석진지집일析津志輯佚』이라는 책에도 다음과 같이 나온다.

"朝鮮河此亦名盧溝河 然大一統志 與天京事略 幷無朝鮮河."

여기서는 조선하朝鮮河를 일명 노구하盧溝河라고도 한다는 사실을 밝히고 있다. 그런데 『석진지집일析津志輯佚』에서 또 하나 주목되는 부분은 마락하馬落河와 백구하白溝河를 조선하朝鮮河와 더불어 소개하고 있는데 여기에 '습수濕水'가 등장한다는 사실이다. 그 부분을 인용하면 다음과 같다.

"馬落河 在濕水東南 懸流注壑 奔灘十丈 謂之馬落泉 亦孟門之流也, 白溝河在安肅北十五里 亦距馬河 宋與遼分界之處 即此也."

습수濕水는 바로 조선朝鮮의 삼수三水 중의 하나인데 그 습수濕水가 어디에 위치하는지 그동안 알 길이 없었다. 그런데 여기에 조선하朝鮮河와 함께 마락하馬落河 부근에 있었다라고 밝힌 것은 매우 중요한 의미를 지닌다고 하겠다. 그러면 조선하朝鮮河의 실체를 밝히기 위해서는 노구하盧溝河와 칠도하七度河의 정체를 살펴볼 필요가 있을 것이다.

먼저 노구하盧溝河에 대해서 알아보자. 다른 여러 가지 자료를 바탕으로 검토해볼 때 『석진지집일析津志輯佚』의 "조선하朝鮮河는 바로 노구하盧溝河이다"라는 기록은 오류 라고 여겨진다.

예를 들어 송宋나라 진송真宋 대중상부大中祥符 초년初年 (1008)에 노진路振이 쓴 『승초록乘軺錄』에 다음과 같이 기 록되어 있다.

"十二月四日 過白溝河 即巨馬河也 五日 自白溝河北行 至新城縣四十 里⋯⋯六日 自新城縣北行 至涿州六十里 十五里 過橫溝河 三十五里 過 樓桑河⋯⋯七日 自涿州北行 至良鄉縣六十里 出涿州北門 過涿河 五里 過胡淶河 十里過河 四十里過琉璃河 又云劉李河 西見太行山 隱隱然 太 行山東至薊門 北至虎口⋯⋯八日 自良鄉縣北行 至幽州六十里 十里過百 和河 三十里過鹿孤河 五十里過石子河 六十里過桑根河 至幽州城南 亭⋯⋯是夕宿於永和館 館在城南 十日自幽州北行 至孫侯館五十里⋯⋯"

노진路振은 12월 4일에 백구하白溝河 즉 거마하巨馬河를 출발하여 8일에 녹고하鹿孤河를 경유해서 유주幽州 즉 오 늘의 북경北京에 도착한 다음 하룻밤을 묵고 다시 출발하 여 12월 24일에 요遼의 수도 중경中京 즉 오늘의 내몽고 자치구 영성시寧城市에 도착한다.

북송北宋의 도성都城은 오늘날의 하남성河南省 개봉시開 封市에 있었다. 북송北宋의 사신이 요遼나라로 사신을 갈 때는 물론 출발은 개봉시開封市에서 했다. 그리고 태행산太行山 동록東麓의 대도大道를 따라서 웅주雄州로 갔고 연도沿途에는 관가官家의 역참驛站이 있어 숙식이 제공되었다. 그러나 북송北宋과 요遼나라는 오늘의 거마하巨馬河를 국경선으로 삼았으며 그것은 일명 계하界河로도 불렸다. 그러므로 북송北宋 사신의 행정록行程錄은 노진路振의 사례에서 보듯이 의례히 거마하巨馬河가 있는 웅주雄州(지금의 하북성河北省 웅현雄縣)로부터 기록을 시작했다.

노진路振의 기록에 의하면 그가 12월 4일에 송宋나라와 요遼나라의 국경선 거마하巨馬河를 출발하여 8일째 되는 날 유주幽州 즉 오늘의 북경시北京市에 당도하게 되는데 그때 경유하는 곳이 바로 녹고하鹿孤河이고 이 녹고하鹿孤河가 바로 노구하盧溝河이다. 『무경총요武經總要』에서는 이를 노고하盧孤河로 표기하고 있는 것을 볼 때 한자漢字로 음역音譯하는 과정에서 음音이 비슷하면 차용借用해 썼으므로 이처럼 표기가 다양해진 것으로 여겨진다.

그런데 우리가 여기서 주목할 부분은 『무경총요武經總要』나 『왕기공행정록王沂公行程錄』에서 말하는 '조선하朝鮮河'는 이미 오늘날의 북경시를 지나서 중경中京으로 가는 도중에 경유하는 강이고 노구하盧溝河는 웅주雄州에서 북경으로 오는 도중에 경유하는 강으로서 노구하盧溝河와 조선하朝鮮河는 동일한 강이 될 수 없다는 것이다. 노구하盧溝河를 북경에서 중경中京으로 가는 경유지가 아니라 웅주雄州에서 북경으로 오는 경유지에 해당시킨 것은 북송北宋 대중상부大中祥符 5년(1012)에 쓰여진 『왕기공행정록王沂公行程錄』의 경우에서도 마찬가지이다. 그것을 인용해 보면 다음과 같다.

"自雄州白溝驛渡河　四十里至新城縣　古督亢亭之地　又七十里至汲州 北渡涿水范水劉李河　六十里至良鄕縣　渡盧溝河　六十里至幽州　號燕京."

조선하朝鮮河는 연경燕京을 지나서 고북구古北口를 가기 전에 경유하는 강이고 노구하盧溝河는 양향현良鄕縣을 지나서 연경燕京에 당도하기 전에 경유하는 강으로서 이 양자는 동일한 강이 될 수 없는 것이다. 오늘날 노구하盧溝河를 하북성 서남쪽에서 북경시北京市로 진입하는 곳에 위치한 영정하永定河로 비정하는 견해가 대체로 지배적인데 영정하永定河를 노구하盧溝河로 본다면 역사적 사실과 큰 괴리가 없다고 하겠다.

다음은 이제 칠도하七度河에 대해서 살펴볼 차례이다. 『왕기공행정록王沂公行征錄』은 "조리하朝鯉河를 지나서 90리를 가면 고북구古北口에 당도하는데 조리하朝鯉河는 일명 칠도하七度河라고도 한다"라고 하였다. 『무경총요武經總要』

에서 "조선하朝鮮河를 지나서 90리를 가면 고하구古河口에 당도한다"라고 말한 것으로 미루어볼 때 조선하朝鮮河와 조리하朝鯉河는 동일한 지명이 분명하고 조리朝鯉라는 명칭은 다른 기록에는 없는 즉 역사상에 존재하지 않는 용어라는 점에서 조리朝鯉는 조선朝鮮의 오기인 것이 분명하다고 할 것이다. 그러면 칠도하七度河는 과연 어디에 있던 강인가.

칠도하七度河에 대한 자료를 찾아보면 북위北魏 역도원 찬酈道元撰 양수경찬소楊守敬纂疏 『수경주소水經注疏』 권14에 다음과 같은 기록이 나온다. "沽水又西南流出山 逕漁陽縣故城西 (守敬按 縣詳鮑邱水注) 而南合七度水 水出北山黃頒谷 (守敬按 寰宇記 引隋圖經 七度水在昌平界 今七度河在昌平州北一百里 源出黃花路城西) 故亦謂之黃頒水 東南流注於沽水." "고수沽水가 서남쪽으로 흘러 어양漁陽 고성古城을 경과하면서 칠도수七度水와 합쳐지는데 칠도수七度水는 황반곡黃頒谷에서 발원하기 때문에 일명 황반수黃頒水라고 부른다. 동남쪽으로 흘러서 다시 고수沽水에 유입된다"라는 것이 『수경주소水經注疏』가 밝히고 있는 내용이다.

『수경주소水經注疏』의 기록에 의거하면 고수沽水가 어양漁陽에서 칠도수七度水에 합쳐지고 또 칠도수七度水가 흐르다가 다시 고수沽水에 주입된다. 칠도수七度水와 고수沽

水는 서로 인근 지역을 흐르는 두 개의 강이라는 것을
알 수 있다.

『독사방여기요讀史方輿紀要』「회래현懷來縣」 조항에는 칠
도수七度水에 관하여 다음과 같은 기록이 나온다. "七渡河
在縣西南一里 源出昌平州東北百二十里珍珠泉 南流入界 至此合小七渡河
又東合雁門河 爲大北谷河 入順義縣界 小七渡河 在縣西三里 即昌平州之
黃花鎮小河也 東南入界 注七渡河."

이 기록은 칠도하七渡河가 창평주昌平州의 동북쪽 진주
천珍珠泉에서 발원한다고 말함으로써 『수경주소水經注疏』
의 황반곡黃頒谷에서 발원한다는 내용과 다소의 차이를
보인다. 그러나 발원지점을 창평주昌平州 동북쪽 백리 지
점이라고 하여 거리와 방향이 서로 유사한 것으로 볼 때
발원지의 지명이 시대에 따라 변경된 것일 뿐 양자가 설
명하는 칠도하七渡河는 모두 동일 지역을 지칭한 것이라
고 하겠다.

그리고 칠도하七度河에 관한 기록은 『흠정열하지欽定熱
河志』 권70에 비교적 상세히 나온다. 먼저 칠도하七度河 조
항을 인용하면 다음과 같다.

"七度河 俗名依度河 源出灤平縣 即喀喇河屯廳 西南二百五十里之分
水嶺 東南流大水峪口 入邊 下流入白河 水經注 七度水 出北山黃頒谷 亦

謂之黃頒水 東南流注於沽水 按水經注 載沽水之合七度水 在漁陽城南 今
七度河入白河 亦在邊城之內 方位相合 又明成祖實錄 載永樂元年 命武安
侯鄭亨 於七度河 設煙墩○望警息 即指此."

그리고 『흠정열하지欽定熱河志』 백하白河 조항에도 칠도
하七度河에 대해 이런 기록이 나온다 "水經注 沽水出禦夷鎮 西
北九十里 丹花嶺下 東南流大谷水注之 又南出峽岸有二城 世謂之獨固門
又南左合乾谿水 又西南逕赤城東 又東南與鵲谷水合 又東南左合高峰水
又西南流出山 逕漁陽故城西 而南合七度水."

『흠정열하지欽定熱河志』는 주로 『수경주水經注』를 이용
하여 칠도수七度水를 설명하고 있는데 칠도하七度河를 속
명俗名으로는 의도하依度河라고 한다는 새로운 내용도 전
해주고 있다.

『흠정열하지欽定熱河志』에 소개된 칠도하七度河의 내용
을 요약해 보면 "칠도하七度河는 난평현灤平縣 서남쪽 250
리의 분수령分水嶺에서 발원하여 하류에서 백하白河와 합쳐
진다. 『수경주水經注』에서는 황반곡黃頒谷에서 나와 고수沽水
에 주입된다고 하였다. 고수沽水는 어이진禦夷鎮 서북쪽 90
리 단화령丹花嶺 아래에서 발원하여 어양고성漁陽故城을
지나 칠도수七度水와 합쳐진다"라는 내용이다.

여기서 우리는 칠도하七度河와 백하白河는 하나는 난평

현灤平縣 서남쪽 분수령分水嶺에서 발원하고 하나는 어이
진禦夷鎮 서북쪽 단화령丹花嶺에서 발원하여 발원지가 서로
다르다는 사실을 알 수 있다. 그리고 상류에서 발원지를 달
리하여 흐르던 두 강은 하류에 이르러서 합쳐지는데 하류
에서 합쳐지는 그 강 이름을 백하白河 또는 고수沽水라 한
다는 것이다.

백하白河와 고수沽水는 두 개의 다른 강이 아니라 하나
의 강이 두 가지 이름으로 불렸던 것이다. 고수沽水라는
이름은 현재 중국의 강하江河 중에서 찾아볼 수 없다. 그
러나『흠정열하지欽定熱河志』권70, 백하白河 조항에서 설
명한 아래 기록을 참조해 보면 오늘의 백하白河가 바로
옛날에 고수沽水라 불렸던 강임을 알 수 있다.

"白河自獨石口外 瑪尼圖達巴罕發源 南流入獨石口 逕赤城堡 東流 仍
出邊至判官渡 入灤平縣 即喀喇河屯廳 西境 東流四十里 至湯河口 湯河
自北來會之 折而南流七十里 至石塘口關 入邊 至密雲縣境 又南會潮河
即古沽水."

"백하白河는 독석구獨石口 밖 마니도달파한瑪尼圖達巴罕에
서 발원하여 남쪽으로 독석구獨石口에 유입되고 적성보赤
城堡를 지나 동쪽으로 흐르다가 이윽고 변방으로 나가 판

관도判官渡에 도달하고 난평현灤平縣(바로 객라하둔청喀喇河屯廳) 서쪽 경계에 유입되어 동쪽으로 40리를 흘러 탕하구湯河口에 도달하면 탕하湯河가 북쪽에서 와서 합쳐지고 꺾어져서 남쪽으로 70리를 흘러가면 석당구관石塘口關에 당도하여 변방으로 들어가며 밀운현密雲縣 지역에 이르러서 남쪽으로 조하潮河와 만나는데 이는 바로 옛 고수沽水이다"라는 뜻이다.

지금 중국지도에서 살펴보면 하북성 서북쪽에서 발원하여 북경시내 동북쪽을 가로 질러 흐르는 백하白河가 있고 그 상류에 고수沽水 즉 백하白河의 발원시로 여겨지는 고원沽源을 비롯하여, 독석구獨石口·적성赤城·난평灤平·탕하구湯河口·밀운密雲 이런 지명들이 그대로 고스란히 남아 있다.

『흠정열하지欽定熱河志』에서 말한 하류에서 조하潮河와 합쳐진다는 옛날의 고수沽水는 그것이 오늘의 백하白河인 것이 확실하여 의심의 여지가 없다고 하겠다. 그러나『수경주水經注』에서 "황반곡黃頒谷에서 발원하여 동남쪽으로 흐르다가 고수沽水에 합쳐진다"는 칠도수七度水,『흠정열하지欽定熱河志』에서 "난평현灤平縣의 서남쪽 분수령分水嶺에서 발원하여 하류에서 백하白河에 유입된다"는 칠도수七度水가 오늘 중국의 강하江河에서 어느 강에 해당하는지 그것은 어떤 자료에도 설명되어 있지 않다. 그리고 현재 중국의 지도상에는 옛 조선하朝鮮河의 다른 이름이라는 칠도수七度水는 나와 있지 않다.

　지금부터 관련 자료를 바탕으로 조선하와 칠도수를 추적하는 작업에 들어가 보자.

　『무경총요武經總要』와 『왕기공행정록王沂公行程錄』에서 "조선하朝鮮河를 지나서 90리를 가게 되면 당도하게 되는 곳이 고북구古北口이다"라고 하였다. 그렇다면 조선하朝鮮河는 북경시내에서 동북쪽으로 고북구古北口를 가기 전에 고북구古北口 서쪽에서 고북구古北口와 가장 가까운 거리에 있는 강 중에서 찾아야 한다. 그런데 다행히도 오늘날 중국의 지도상에 조선하朝鮮河나 칠도수七度水라는 이름은 보이지 않지만 고북구古北口라는 지명이 북경시 밀운현密雲縣 동북쪽에 그대로 보존되어 있다. 고북구古北口 서쪽에서 고북구古北口와 가장 가까운 곳에서 흐르는 강이 오늘날 조하潮河와 백하白河 두 강이다.

　그러나 백하白河는 고북구古北口보다 밀운현密雲縣쪽에 더 가까이 있어 단주檀州 즉 오늘의 밀운현密雲縣에 당도할 때 건너는 강이다. 이를 『무경총요武經總要』나 『왕기공행정록王沂公行程錄』은 백여하白璵河로 기술하고 있다. 현재 북경 쪽에서 북쪽으로 고북구古北口를 가기 위해서 건너

야 하는 강은 조하潮河이다. 고북구古北口에서 동쪽으로는
난하灤河가 있고 고북구古北口 서쪽에서 가장 가까이 있는
강은 조하潮河인 것이다.

『무경총요武經總要』와 『왕기공행정록王沂公行程錄』에서 "백
여하白璵河를 지나서 단주檀州 즉 오늘의 밀운현密雲縣에 이
르고 조선하朝鮮河를 지나서 북쪽으로 고북구古北口(또는
고하구古河口)에 이르렀다"라고 한 기록으로 미루어볼 때
백여하白璵河가 오늘의 백하白河이고 조선하朝鮮河가 오늘의
조하潮河를 가리킨다는 것은 거의 확실하다고 여겨진다.

오늘의 조하潮河가 곧 옛 조선하朝鮮河라는 사실을 증
명하기 위해서는 조하潮河의 내력을 좀 더 자세히 알아볼
필요가 있을 것이다. 『흠정열하지欽定熱河志』 권70에 조하
潮河에 대해 다음과 같이 기록하고 있다.

"조하潮河는 풍녕현豊寧縣 즉 사기四旗 양황기鑲黃旗에 소
속된 대각아大閣兒 북쪽 70리의 성근영城根營 서남쪽 산
아래에서 발원한다. 현縣의 치소治所인 토성자土城子 서북
쪽 130리에서 굴곡屈曲을 이루며 남쪽으로 흘러 대각아大
閣兒의 동쪽에 도달하여 꺾어져서 동남쪽으로 흐르고 다
시 꺾어져서 서남쪽으로 흐르며 그대로 계속 꺾어져서
남쪽으로 흐르면 용담구수龍潭溝水가 서쪽으로부터 와서

합쳐진다. 또 남쪽으로 흘러 강자상岡子上에 이르러서는 함께 현경縣境을 180리를 흘러 난평현灤平縣(바로 객라하 둔청喀喇河屯廳)의 서북쪽 경계로 진입한다. 합십합신哈什哈 汛의 동쪽을 경유하여 또 남쪽으로 단수령椴樹嶺에 이르러 꺾어져서 동남쪽으로 흐르고 파극십영巴克什營의 서쪽에 이르러 다시 꺾어져서 서남쪽으로 흘러 함께 현경縣境을 280리를 가다가 고북구관古北口關 서쪽의 조하천潮河川에 이르러 변방으로 들어가고 밀운현密雲縣 경계에 이르러 백하白河와 합쳐진다. 이는 바로 옛 혁수㴲水이다.”

『흠정열하지欽定熱河志』에서 조하潮河에 대해 장황하게 설명하고 있으나 여기 등장하는 지명들은 대체로 몽고어蒙古語나 만주어滿洲語를 그대로 기술하고 있고 또 이러한 지명들은 지금은 중국의 지도상에서 자취를 감추고 찾아보기 어렵다. 다만 『흠정열하지』에서 조하潮河에 대해 설명하고 있는 요지를 요약하면 “조하潮河는 풍녕현豐寧縣 북쪽에서 발원하여 난평현灤平縣의 서북쪽으로 진입하고 고북관古北關 서쪽의 조하천潮河川에 이르러 변성으로 진입했다가 밀운현密雲縣에 이르러 백하白河와 만난다”는 뜻이 된다.

풍녕현豐寧縣·난평현灤平縣·고북구古北口·밀운현密雲縣·

백하白河는 모두 지금 중국의 지도상에 나타나는 지명들이다. 그리고 현재 하북성 동북쪽에 위치하여 남쪽으로 발해를 향해 흐르고 있는 조하潮河는 풍녕만족자치현豊寧滿族自治縣이 그 상류이고 중간에 난평현灤平縣을 경유하며 고북구古北口 서쪽을 지나서 하류 지역인 밀운현密雲縣에서 백하白河와 합쳐진다. 따라서 『흠정열하지欽定熱河志』에서 말하는 고북구관古北口關 서쪽에 있다는 조하潮河는 바로 오늘의 고북구古北口 서쪽에 있는 조하潮河이고 오늘의 조하潮河는 곧 『무경총요武經總要』와 『왕기공행정록王沂公行程錄』에서 말하는 "조선하朝鮮河를 건너서 고북구古北口에 당도했다"는 그 조선하朝鮮河인 것이다. 이 조선하朝鮮河에 칠도수七度水라는 별명이 붙게 된 것은 아마 그만한 사연이 있을 것이다.

송宋나라 사신이 송宋나라와 요遼나라 국경선인 백구하白溝河 즉 거마하巨馬河를 지나서 요遼나라의 수도 중경中京 즉 오늘의 영성寧城에 도착하자면 여러 개의 크고 작은 강을 건너게 되는데 일곱 번째 건너는 큰 강이라는 의미에서 칠도하七渡河라는 명칭이 붙었을 수도 있다고 본다.

그러면 조선하朝鮮河가 언제 조하潮河로 명칭이 바뀐 것일까. 북송北宋시대 저작인 『무경총요武經總要』나 『왕기공행정록王沂公行程錄』에서는 "조선하朝鮮河를 건너서 고북구古北口에 당도한다"라고 기록하고 있는 것으로 볼 때 송宋나라·요遼나라시대에는 지금의 조하潮河가 조선하朝鮮河로 불렸다는 사실을 알 수 있다. 또 원元나라 웅몽상熊夢祥의 『석진지집일析津志輯佚』에도 조선하朝鮮河가 나오는 것으로 미루어볼 때 조선하朝鮮河라는 명칭은 최소한 원말元末까지는 그대로 존속되었던 것이 아닌가 여겨진다. 그런데 청淸나라 때 저작인 『흠정열하지欽定熱河志』에는 조선하朝鮮河라는 기록은 아예 자취를 감추고 그 자리에 조하潮河라는 바뀐 이름이 등장하는 것으로 보아 명청明淸시대에 이르러 조선하朝鮮河는 조하潮河로 변경된 것이 아닌가 생각된다.

그러면 명청明淸시기에 왜 조선하朝鮮河를 조하潮河로 바꾸었을까. 송宋나라와 요遼나라시대까지만 해도 조선朝鮮의 후예 고려는 그들의 행보에 따라 중원의 판도가 좌우될 만큼 강대한 나라의 하나였다. 그러나 명청明淸시대에 이르러 조선朝鮮은 약화될 대로 약화되어 압록강 이남의 손바닥만한 땅을 소유한 작은 나라에 불과했고 또 중원中原의 황제에게 조공을 바치고 책봉을 받는 속국이나 다름이 없는 처지에 놓여 있었다. 그런데 그런 나라의 이름을 가진 조선하朝鮮河가 중원의 수도 근처 북경北京

북쪽에 있다는 것은 중국의 자존심에 허락하지 않는 일이었을 것이고 역사적 분쟁을 야기시킬 소지도 있는 불편한 사안에 해당했을 것이다.

또 한당漢唐 이전 중원中原의 중앙정부가 주로 함양·장안·낙양 등 중국의 서쪽에 위치해 있을 때는 오늘의 고북구古北口·조하潮河 일대가 북방 변경에 해당했지만 동북방민족이 중원을 지배하고 수도를 북경으로 옮긴 뒤로부터는 고북구古北口·조선하朝鮮河 일대는 바로 중원의 중앙정부 코앞에 위치해 있게 되었다. 조선하朝鮮河라는 이름을 그대로 놓아두고 볼 수 없었기 때문에 그래서 부득불 다른 이름으로 변경하지 않을 수 없는 필요성을 느꼈을 것이다. 그러나 수백 년·수천 년 써내려오던 지명을 하루아침에 바꾼다는 것은 용이한 일이 아니다. 역사적으로 중국에서 동이와 관련된 지명을 변경시킨 사례들을 보면 이름을 하루아침에 확 뜯어고치지 않고 본래의 글자에 다른 변을 보태거나 본래의 글자에서 어떤 부분을 생략시키거나 본래의 글자와 음이 서로 같은 유사한 글자로 변경시키는 방법을 많이 채택했다.

『사기색은史記索隱』에 살펴보면 「조선열전朝鮮列傳」에 나오는 조선朝鮮의 조朝자의 음을 해석하면서 "조朝의 음은 조潮이다. 직교반直驕反이다"라고 하였다. 조朝와 조潮는 반절음이 직直(ㅈ) 교驕(ㅛ)로서 동일한 음인 것이다. 조선하朝鮮河를 조하潮河로 바꾼 것은 음이 유사한 글자를 이용하여 본래의 지명을 변경시킨 경우에 해당한다고 하겠다.

9. 고하구古河口 : 『요사遼史』 권39 「지리지地理志」 3 <중경도中京道> 조항에는 "구십리지고북구九十里至古北口"로 나와 있고 『왕기공행정록王沂公行程錄』에도 "구십리지고북구九十里至古北口"로 나와 있다. 지금도 하북성 동쪽 조하潮河 부근에 고북구古北口라는 지명이 남아 있다. 이 자료에 보이는 고하구古河口의 고하古河는 유서 깊은 고대 조선하朝鮮河를 가리키는 것으로서 고북구古北口의 오기가 아니라 고북구古北口의 원래 이름 또는 다른 이름이라고 하겠다.

10. 북참산北塹山 : 왕증王曾의 『왕기공행정록王沂公行程錄』에는 "至鐵漿館 過石子嶺 自此漸出山 七十里至富谷館"이라 기록되어 있다. 북참산北塹山이란 산명山名은 어떤 기록에도 나오지 않는 것으로 볼 때 본 자료상의 "자북참산自北塹山"은 "자차점출산自此漸出山"의 오기誤記로서 기록하는 과정에서 발생한 실수가 아닌가 여겨진다.

11. 중경中京에 도착한다 : 이상은 연경燕京에서 동북쪽으로 중경中京에 도착하기까지의 노정路程을 적은 것이다. 중간에 등장하는 여러 지명들은 중간에 경유하게 되는 역명驛名에 해당한다고 할 것이다. 여기서 말하는 전 노정路程을 모두 합산해 보면 910리가 된다. 오늘날 북경의 옛 북문北門에서 출발하여 요遼나라 중경中京이 있던 내몽고자치구 적봉시赤峰市 영성현寧城縣까지의 거리는 약 450킬로미터 가량 된다. 현재의 이정里程과 별로 큰 차이가 없다고 할 것이다

본 사료의 기록과 유사한 내용이 『요사遼史』 권39 「시리지地理志」3 <중경도中京道> 조항에도 기재되어 있다. 좀 길지만 참고로 그것을 인용하면 다음과 같다.

"宋王曾上契丹事曰 出燕京北門 至望京館 五十里至順州 七十里至檀州 漸入山 五十里至金溝館 將至館 川原平曠 謂之金溝澱 自此入山 詰曲登陟 無復里堠 但以馬行記日 約其里數 九十里至古北口 兩傍峻崖 僅容車軌 又度德勝嶺 盤道數層 俗名思鄉嶺 八十里至新館 過雕窠嶺 偏槍嶺 四十里至臥如來館 過烏灤河 東有灤州 又過摸斗嶺 一名渡雲嶺 芹菜嶺 七十里至柳河館 松亭嶺 甚險峻 七十里至打造部落館 東南行五十里至牛山館 八十里至鹿兒峽館 過蝦蟆嶺 九十里至鐵漿館 過石子嶺 自此漸出山 七十里至富谷館 八十里至通天館 二十里至中京大定府."

『요사遼史』와 『무경총요』는 내용상에서 대체적으로 일치한다. 다만 어떤 부분은『요사遼史』가 좀 더 상세하고 어떤 부분은 본 자료가 더 상세하여 구체적인 면에서 다소의 차이를 보인다. 예를 들면 본 자료에서는 "조선하朝鮮河를 지나서 90리를 가면 고하구古河口에 당도한다"라고 하였는데『요사遼史』에서는 조선하朝鮮河를 생략하고 바로 "90리를 가면 고북구古北口에 당도한다"라고 말하였다. 그리고『요사遼史』에서는 "조과령雕窠嶺·편창령偏槍嶺을 지나서 40리를 가면 와여래관臥如來館에 당도한다"라고 하였는데 본 자료에서는 "조과령雕窠嶺을 지나서 40리를 가면 와여래관臥如來館에 당도한다"라고 하여 '편창령偏槍嶺'이 생략되어 있다.

12. 웅주雄州 : 지금의 하북성 웅현雄縣을 말한다. 이 지역은 하夏나라 때는 유역씨有易氏에 속하였다. 춘추春秋시기에는 남연南燕 지역이었고 전국시대에는 연국燕國 역읍易邑의 땅이었다. 연왕燕王 희喜 12년(서기전 243)에 조趙나라로 편입되었다. 진秦나라에서 통일한 뒤에는 먼저는 광양군廣陽郡에 소속되었다가 뒤에는 상곡군上谷郡에 소속되었다.

한漢나라 때 최초로 역현易縣을 설치하여 탁군涿郡에 소속되었다. 후주后周 현덕顯德 6년(959)에 세종世宗이 친히

요遼나라를 정벌하여 와교관瓦橋關(지금의 웅현雄縣 남관南關)을 수복한 뒤 웅주雄州를 설치했다. 『웅현향토지雄縣鄉土志』에 의거하면 웅주雄州의 '웅雄'은 무공武功을 드날려 북요北遼에 위엄을 보인다는 의미에서 취하여 썼다고 한다.

명明나라 홍무洪武 7년(1374)에 웅주雄州에서 웅현雄縣으로 강등되었다. 그 뒤로는 관할구역이나 예속 등에서 변경이 많았으나 웅현雄縣이라는 명칭은 지금까지 그대로 계속 사용하고 있다.

13. 노고하盧孤河 : 다른 자료에는 노구하盧溝河 또는 녹고하鹿孤河 등으로 기재되어 있다. 노구하盧溝河는 지금의 영정하永定河로 비정된다. 영정하永定河는 옛날에는 조수澡水로 호칭되다가 수대隋代에 상건하桑乾河로 바뀌었고 요금遼金시대에 노구하盧溝河로 불렸다. 영정하永定河는 북경 지역의 최대 하류河流로서 해하海河 5대 지류의 하나에 속한다. 상류는 산서성山西省 영무현寧武縣의 상건하桑乾河에서 발원하고, 하북성河北省 회래현懷來縣에서 내몽고 고원高原에서 발원한 양하洋河를 받아들이며 흘러서 관청진官廳鎭에 이르러 비로소 영정하永定河로 불려진다. 총 길이가 650킬로미터이다. 산서성·하북성 두 성省과 북경北京·천진天津 두 시를 경유하여 해하海河로 들어갔

다가 발해에 주입된다.

14. 양향현良鄕縣 : 지금의 북경시 방산구房山区 양향진良鄕鎭
이다. 무측천武則天의 주周나라 성력聖歷 원년(698)에 고
절현固節縣을 설치했고 당唐나라 중종中宗 신룡神龍 원년
(1105)에 양향현良鄕縣으로 바뀌었다. 오대五代 후당后唐
시기 장흥長興 3년(932)에 지금의 방산구房山区 양향진良
鄕鎭으로 현치縣治를 옮겼다. 요遼나라에서는 남경南京
유도부幽都府·연경燕京 석진부析津府에 예속되었다. 송宋
나라 선화宣和 중에는 연산부燕山府에 예속되었고 금金
나라에서는 대흥부大興府에 예속되었으며 원元나라에서
는 대도로大都路에 예속되었고 명明나라 초기에는 북평
부北平府에 예속되었으며 영락永樂 원년(1403)에는 순천
부順天府에 예속되었다. 청清나라에서도 역시 같았다.

15. 탁주涿州 : 진秦나라 때 탁현涿縣이 설치되고 한漢나라 때
탁군涿郡이 설치되었으며 삼국三國 위魏나라시기에 범양
군范陽郡이 설치되었다. 당唐나라 때는 범양현范陽縣과 탁
주涿州가 되었고 송宋나라와 요遼나라, 금金나라시대엔
탁주涿州가 되었다. 원元나라 때는 탁주로涿州路·탁주涿
州가 되고 명청明清시기엔 북평부北平府와 순천부順天府에
예속되었다. 민국民國시기엔 탁현涿縣이라 호칭하여 하

북성河北省에 예속되었고 1986년에 탁주시涿州市가 설치되었다. 현재 탁주시涿州市는 하북성河北省 중부, 보정시保定市 북부에 위치하고 있다. 서쪽으로 내수현涞水縣과 이웃하고 남쪽으로 고비점시高碑店市와 연결되고 동쪽으로는 고안현固安縣과 인접하고 동북과 북쪽으로는 북경시 대흥구大興區 및 방산구房山區와 이웃하고 있다. 탁주시涿州市에서 북경시 천안문天安門 광장까지의 직선거리는 62킬로미터 가량 된다.

16. 신성현新城縣 : 지금 북경시 남쪽에 있는 고비점시高碑店市이다. 이곳은 역사적인 유래가 깊은 지역이다. 진대晉代에는 탁현涿縣으로 되었고 수隋나라 개보開寶 9년에 고안固安으로 이속移屬되었다. 당唐나라 대력大歷 4년에 고안固安의 서쪽에 신창新昌을 설립하고 신창新昌의 서쪽에 신성新城을 설립했다. 신성新城이란 명칭은 이때로부터 사용되기 시작하였다.

17. 백구하白溝河 : 거마하巨馬河의 다른 이름으로 대청하大清河의 지류支流이다. 거마하巨馬河는 내원현涞源縣에서 발원하여 역현易縣 자형관紫荊關·내수야삼파涞水野三坡·북경시北京市 방산구房山區 십도진十渡鎮을 경유하고 방산구房山區 장방진張坊鎮에서 남거마하南巨馬河와 북거마하北巨馬河

로 나뉜다. 북거마하는 탁주시涿州市를 경유하여 유리하琉璃河와 합쳐져서 고비점시高碑店市에 유입되어 백구하白溝河가 된다. 남거마하는 내수현涞水縣·정흥현定興縣을 경유하여 역수하易水河로 들어가고 백구하白溝河와 합쳐진 뒤에 대청하大清河에 유입되어 해하海河를 거쳐서 발해로 들어간다.

제2장

조 선 기
朝鮮記

『산해경山海經』에 나오는 「해내경海內經」과 「대황경大荒經」은
고조선의 역사를 기록한 『조선기朝鮮記』이다.

오임신이 저술한 『회도산해경광주』

1. 『조선기朝鮮記』 사료 역문

『산해경광주山海經廣注』 권18 「해내경海內經」

「해내경海內經」 : 「해내경海內經」과 「대황경大荒經」은 본래는 유실되어 『산해경』 안에 있지 않고 밖에 있었다. 나씨羅氏의 『노사路史』[1] 주注에는 이를 인용하여 통틀어 **『조선기朝鮮記』**[2]로 삼았다.

동해東海의 안쪽, 북해北海의 모퉁이에 나라가 있으니 그 이름을 조선朝鮮이라고 한다.

곽박郭璞은 말하기를, "조선朝鮮은 지금의 낙랑군樂浪郡이다"라고 하였다. 임신任臣은 살피건대 『수역주자록殊域周咨錄』[3]에는 말하기를, "동쪽에 있어 조일朝日이 선명鮮明하기 때문에 조선朝鮮이라 한다"라고 하였다.

주국정朱國貞의 『대사기大事記』[4]에는 말하기를, "조선朝鮮은 조일

朝日이 선명鮮明하다는 의미를 취한 것이며 고려高麗도 역시 그와 같다. 전사前史에 '환도丸都란 것은 이른바 해와 달이 모두 둥글다는 것이다'라고 말한 것이 그것이다"라고 하였다.

전부錢溥의 『조선국지朝鮮國志』[5]에는, "조선朝鮮이 세 종류가 있는데, 하나는 단군조선檀君朝鮮이고 하나는 기자조선箕子朝鮮이며 하나는 위만조선衛滿朝鮮이다"라고 하였다. 고증에 의하면 "기자箕子를 조선朝鮮에 봉한 후 41대를 전하여 왕준王準에 이르렀으며 무릇 928년이었는데 위만衛滿에게 나라를 잃어버렸다. 기준箕準은 한漢나라 땅 금마군金馬郡으로 들어가서 스스로 나라를 세우고 한왕韓王이라고 하였다. 또 200년을 전하다가 고구려高句麗를 병합하고 신라新羅·백제百濟를 겸하여 소유하였다"라고 하였다. 또 『학해學海』[6]에는 말하기를, "조선朝鮮은 뒤에 바다로 들어간 자들이 선국鮮國이 되었다"라고 하였다.

2. 『조선기朝鮮記』 사료 원문

子部/小說家類/異聞之屬/山海經廣注/卷十八/海內經

海內經　海內經及大荒經　本逸在外　羅氏路史注　引此通作
朝鮮記

東海之內　北海之隅　有國　名曰朝鮮　郭曰　朝鮮　今樂浪
郡也　任臣案　殊域周咨錄　以其在東　朝日鮮明　故名朝鮮　朱國貞
大事記云　朝鮮　取朝日鮮明之義　髙麗亦如之　前史有曰　丸都　所
謂日月兩丸者　此也　錢溥朝鮮國志　朝鮮有三種　一檀君朝鮮　一箕
子朝鮮　一衞滿朝鮮　考箕子　封朝鮮　傳四十一代　至王準　凡九百
二十八年　而失國于衞滿　準入漢地金馬郡　自立號韓王　又傳二百
年　併入髙句麗　兼有新羅百濟　又學海云　朝鮮後入海者　為鮮國

3. 사료적 가치

『산해경광주山海經廣注』는 한국 고대사와 관련해서 몇 가지 중요한 사실들을 언급하고 있다. 첫째는 『산해경山海經』에 나오는 「해내경海內經」과 「대황경大荒經」을 『조선기朝鮮記』라고 표현하고 있는 점이다.

오임신吳任臣은 『산해경광주山海經廣注』에서 「해내경海內經」에 대해 설명하면서 「대황경大荒經」과 「해내경海內經」을 모두 『조선기朝鮮記』로 보았던 『노사路史』의 주注를 인용하였다. 이것은 오임신도 역시 『노사』의 이 견해에 동의하였다는 것을 의미한다.

「해내경海內經」을 고대 조선의 역사를 기록한 『조선기朝鮮記』로 간주한 것은 비단 『노사路史』 주注에 국한된 견해가 아니고 다른 여러 저작들에서도 그와 같은 관점들을 확인할 수 있다.

예를 들어 『설략說略』・『광박물지廣博物志』・『산서통지山西通志』・『지유識遺』・『산대각주초사山帶閣註楚辭』・『명의名疑』・『강한총담江漢叢談』 등에서도 이와 동일하게 「해내경海內經」을 『해내조선기海內朝鮮記』 또는 『조선기朝鮮記』라고 표현하고 있다.

고조선사古朝鮮史를 연구하는 데 있어서 결정적인 약점이 사료가 없다는 것이다. 그런데 『산해경山海經』 안에 들어 있는 「대황경大荒經」과 「해내경海內經」이 바로 고대 조선朝鮮의 역사를 기록한 『조선기朝鮮記』라고 한다면 우리는 고조선사古朝鮮史와 관련된 중요한 직접 사료를 확보하는 셈이 된다.

『산해경山海經』에 포함된 「대황경大荒經」 이하 「해내경海內經」까지의 다섯 편을 선진先秦 사료가 아닌 서한西漢 유흠劉歆의 저술로 보는 견해가 있다. 그러나 송宋나라 때 저술된 『노사路史』의 주注에서 「해내경海內經」을 『조선기朝鮮記』로 표현하고 있다는 사실은 송나라 때까지는 「해내경海內經」은 조선朝鮮의 역사 기록이라는 인식이 상당히 확산되어 있었음을 반영한다.

그렇다면 「대황경大荒經」과 「해내경海內經」은 유흠劉歆의 저술이 아니라, 본래 조선朝鮮의 역사 기록인『조선기朝鮮記』였던 것을 유흠劉歆이 서한西漢시대에 이르러『산해경山海經』에 포함시켰을 가능성도 배제할 수 없다고 하겠다.

「대황경大荒經」과「해내경海內經」은 그 내용상으로 볼 때 중원中原의 역사 기록이 아닌 것은 분명하다.『한서漢書』「예문지藝文志」에서『산해경山海經』을 소개할 때 13편이라 하고「대황경大荒經」이하 5편은『산해경山海經』에 포함시키지 않은 것은 그러한 이유에서이다. 따라서 한당漢唐 이후 많은 중국 학자들은「대황경大荒經」과「해내경海內經」의 사료적 가치를 평가 절하하는 경향이 두드러졌다.

「해내경海內經」은 조선국朝鮮國에 대한 설명으로부터 그 서두를 열고 있다. 또한 군자국君子國·백민국白民國 등을 다루고 있는 그 전체 내용상으로 보더라도 조선인朝鮮人이 고대 조선朝鮮의 역사를 직접 기록한『조선기朝鮮記』일 가능성이 매우 높다.

김영권金榮權은「제준帝俊과 그 신계神系의 고략考略」이라는 논문에서 다음과 같이 주장하였다. "제준帝俊은 중국 고대 신화 중에서 하나의 수수께끼와 같은 신성神性의 인물이다. 그의 사적은 정사正史에 기재되어 있지 않고 제자諸子에도 전하지 않으며 단지 『산해경山海經』 가운데만 나온다. 더욱이 「대황大荒」·「해내海內」 두 경經 가운데 집중적으로 반영되어 있다. 그의 신계神系 연원과 맥락을 연구해 보면 염제세계炎帝世系에도 속하지 않고 황제세계黃帝世系에도 속하지 않으며 염炎·황黃의 대신계大神系와 병존하던 제3의 신계神系이다."

"제준帝俊의 중국 고대 제신諸神 중의 지위에 관해서 오늘날 여러 설들이 분분하다. 그러나 일반적으로 제준帝俊은 상고시대 동방민족의 조상으로 인식되고 있으며 이러한 관점에 있어서는 일치한다. 그것은 『산해경山海經』에 기재된 제준帝俊의 활동지역과 그 자손들의 국가가 대체로 동방東方에 있었기 때문이다."

김영권金榮權은 「대황경大荒經」과 「해내경海內經」을 고대 동방민족의 조상, 염제계炎帝系에도 속하지 않고 황제계黃帝系에도 속하지 않은 염炎·황黃 대신계大神系와 병존하던 제3 신계神系의 기록이라고만 언급하고, 그것이 고조선古朝鮮의 역사를 가리킨다고 말하지는 않았다.

그러나 예나 지금이나 특히 상고시대 동방을 대표하던 민족은 조선朝鮮이었던 점을 감안한다면 제준帝俊은 단군檀君을 의미하고 「대황경大荒經」과 「해내경海內經」은 단군조선의 역사를 생생히 기록한 『조선기朝鮮記』일 가능성이 충분히 있는 것이다.

앞으로 한국의 고조선사古朝鮮史를 정립하기 위해서는 한대漢代 이전 고조선古朝鮮의 직접 사료인 『산해경山海經』 중의 「대황경大荒經」과 「해내경海內經」을 집중적으로 연구할 필요가 있을 것이다.

그리고 이 사료에서 특기할 점은 전부錢溥의 『조선국지朝鮮國志』를 인용하여 위만조선衛滿朝鮮·기자조선箕子朝鮮과 함께 단군조선檀君朝鮮을 실제 역사로 인정하고 있다는 점이다.

오늘날 전부錢溥의 『조선국지朝鮮國志』를 찾아볼 수 없어 안타깝지만 이러한 기록들은 조선사朝鮮史의 출발점인 단군조선檀君朝鮮에 대한 당시 중국학자들의 인식을 반영하는 것으로서 단군조선檀君朝鮮을 실제 역사로서 인정하기를 거부하는 식민사관과는 차원을 달리했다는 것을 알 수가 있다.

4. 서지사항

『산해경광주山海經廣注』

『산해경광주山海經廣注』는 청淸나라 때 학자 오임신吳任臣이 지은 『산해경山海經』에 대한 주석서이다. 진晉나라 곽박郭璞의 『산해경주山海經注』를 바탕으로 그것을 보완하는 형식을 취했기 때문에 『산해경광주山海經廣注』라고 이름을 붙였다.

『산해경山海經』은 선진先秦시대의 사료로서 동아시아에서 가장 오래된 지리서地理書이며 총 18편으로 구성되어 있다. 그 내용은 주요하게 고대의 지리地理·물산物産·신화神話·무술巫術·종교宗敎 등을 기술하고 있고 또한 고대 역사歷史·의약醫藥·민속民俗·민족民族 등의 내용을 포괄하고 있다.

『한서漢書』「예문지藝文志」에는 『산해경山海經』이 13편으로 기록되어 있는데 이는 「대황경大荒經」 이하 5편을 포함시키지 않은 데 따른 것이다.

『산해경山海經』은 사마천 『사기史記』「대완전大宛傳」에 인용되어 있는데 저자가 누구인지에 대해서는 언급하지 않았다. 그러나 서한西漢 유흠劉歆(向)의 『산해경山海經』「서록敍錄」과 『논형論衡』· 『오월춘추吳越春秋』 등에는 다 우禹· 익益의 저작으로 나타나 있다.

유흠劉歆의 「상산해경표上山海經表」에서는 "산해경山海經은 당우唐虞시대에 출현했다(山海經者 出于唐虞之際)"라고 하였다. 청淸나라 때 학자 필원畢沅은 『산해경山海經』「신교정서新校正序」에서 『산해경山海經』이 전해진 과정에 대해 설명하면서 "우禹· 익益에 의해 저작되었고 주周나라와 진秦나라 시대에 전술傳述되었다(作于禹益 述于周秦)"라고 말하였다.

오늘날 『산해경山海經』이 하夏나라의 우禹왕과 백익伯益의 저작이라는 사실을 입증할 길은 없다. 그러나 서한西漢시대의 유명한 학자였던 유흠劉歆이 공연히 근거없는 말을 했을 리 만무하다. 또한 사마천도 『사기史記』에서 인용한 것을 보면 『산해경山海經』을 선진시대의 사료로서 인정한 것은 확실하다 할 것이다.

다만 오늘날 전하는 『산해경山海經』 18편 전체를 선진시대의 저술로 보기는 어렵다. 「산경山經」 5편은 우禹왕과 백익伯益의 저술로 볼 수 있을 것이나 「해외경海外經」 이하는 우禹왕과 백익伯益의 저술이 아닐 가능성이 높다. 도圖를 설명한 내용이 많기 때문이다. 예를 들어 「해외경海外經」과 「해내경海內經」에는 탕湯임금과 문왕文王을 장례葬禮 지낸 장소가 기록되어 있으니 이는 주周나라 때 산해도山海圖를 설명한 문장일 것이다.

또 팽택彭澤·조양朝陽·회포淮浦 등과 같은 곳은 한漢나라 때 설치된 현縣이다. 이는 한漢나라 때의 기록이 분명해 보인다. 따라서 『산해경山海經』의 선진先秦 사료로서의 가치를 전면적으로 부정해서는 안 되며 내용에 따라서 구별해 보는 지혜가 필요할 것이다.

진晉나라 때 곽박郭璞은 『산해경山海經』에 대해 주석을 냈을 뿐만 아니라 『도찬圖贊』도 저술했다. 현재 도圖는 없어지고 찬贊만 남아 있다. 『산해경山海經』의 주석서로는 청淸나라 필원畢沅의 『산해경교본山海經校本』과 학의행郝懿行의 『산해경전소山海經箋疏』가 비교적 학술적 가치가 높은 것으로 평가된다.

오임신吳任臣의 『산해경광주山海經廣注』는 진晉나라 곽박郭璞의 주注에 비해 명물名物·훈고訓詁·산천山川·도리道里 등의 면에서 정정訂正한 부분이 많다. 그러나 인용한 근거가 지나치게 자질구레하다는 평을 듣는다.

『산해경광주山海經廣注』 구본舊本에는 원래 「도圖」 5권이 함께 기재되어 있었는데 『사고전서四庫全書』에 수록하는 과정에서 그 근거가 희박하다는 이유로 삭제되었다.

오임신吳任臣의 자字는 지이志伊, 호號는 탁원托園으로 원래는 복건福建 보전莆田 사람이었는데 나중에 아버지를 따라 인화仁和(지금의 절강성 항주시)에 와서 살았다. 강희康熙 18년(1679)에 박학홍사과博學鴻詞科에 합격되어 검토檢討에 제수되었다. 저서로는 이 책 이 외에 『십국춘추十國春秋』 114권과 『주례대의周禮大義』·『자회보字滙補』·『춘추정삭고변春秋正朔考辨』·『탁원시문집托園詩文集』 등을 남겼다.

5. 『조선기朝鮮記』 사료 주석

1. 『노사路史』: 중국 남송南宋의 효종孝宗시대 학자 나필羅泌이 지은 책으로 모두 49권이다. 나필羅泌이 도가道家 등의 유서遺書에서 자료를 모아 상고시대의 역사·지리·풍속·씨족 등 여러 방면의 신화와 전설을 집대성한 저술로 삼황오제三皇五帝 이상의 역사를 다루고 있다. 책 이름 『노사路史』는 '대사大史'의 의미를 뜻한다. 공자孔子가 『상서尚書』를 정리하면서 당요唐堯시대로부터 시작하고 상고사上古史의 전통傳統을 소홀히 취급한 점은 매우 애석한 일이었다. 그것이 나필이 『노사路史』를 집필하게 된 동기가 되었다.

2. 『조선기朝鮮記』: 『노사路史』의 「주注」에서 『조선기朝鮮記』가 언급된 것은 모두 여섯 차례이다. 그 중에 3권과 22권, 36권의 주석에는 『해내조선기海內朝鮮記』로 표기되어 있

고, 나머지 세 곳은 해내海內라는 표현은 없이 『조선기朝鮮記』로 기재되어 있다. 『산해경광주山海經廣注』의 저자 오임신吳任臣이 "『노사路史』「주注」에는 「해내경海內經」과 「대황경大荒經」을 모두 『조선기朝鮮記』로 삼았다"라고 말한 것은 이를 가리킨 것이다.

3. 『수역주자록殊域周咨錄』: 명明나라 때 엄종간嚴從簡이 편찬한 책으로 모두 24권이며 대략 명나라 만력萬歷 2년(1574)에 완성된 것으로 전해진다. 책의 내용은 당시 변경의 각 나라들과 해외 국가의 인문人文·풍토風土·지리地理 및 중국과의 내왕을 다루었다.

이 책은 또 주변국가를 동이東夷·서융西戎·남만南蠻·북적北狄으로 분류했다. 1권 조선朝鮮을 필두로 하여 24권 여진女真에서 마무리했는데, 가령 조선朝鮮 등은 동이東夷, 안남安南 등은 남만南蠻, 토번吐蕃 등은 서융西戎, 달단韃靼 등은 북적北狄으로 분류했다. 그런데 여진女眞을 동북이東北夷로 분류함으로 인해서 청조淸朝에서는 금서禁書에 포함되었다.

엄종간嚴從簡의 자는 중가仲可, 호는 소봉紹峯, 절강浙江 가흥嘉興 사람으로 가정嘉靖 38년(1559)에 진사進士가 되었다. 처음에 행인行人에 제수되었으며 뒤에 공과·형과

급사중工科刑科給事中으로 옮겼다. 양주동지揚州同知를 역임한 후 면직되어 낙향했다. 이 책은 그가 행인사行人司에서 벼슬할 때 지은 것이다.

4. 『대사기大事記』: 『명사明史』 권240과 『명사고明史稿』 권224의 기재에 의하면 주국정朱國禎이 『대정기大政記』·『황명기전皇明紀傳』 등의 저술을 남긴 것으로 되어 있다. 여기서 가리키는 『대사기大事記』는 곧 『대정기大政記』의 다른 이름으로 여겨진다. 그리고 다른 자료에는 이 책의 저자가 주국정朱國貞이 아니라 주국정朱國禎 또는 주국정朱國楨으로 기록되어 있는 것을 볼 때 여기 주국정朱國貞은 오기誤記가 아닌가 생각된다.

그리고 『사고전서四庫全書』 「명사明史」 권320, <고증考證>에는 주국정朱國楨의 『조선기朝鮮記』가 인용되어 있음을 참고로 밝혀둔다. 이것은 주국정朱國楨이 저술한 『조선기朝鮮記』가 있었음을 의미한다. 주국정朱國楨(1558~1632)은 절강浙江 오흥吳興 사람으로 자는 문녕文寧, 호는 평함平涵이다. 벼슬은 예부상서禮部尚書 겸 문연각태학사文淵閣太學士 등을 역임했다.

5. 『조선국지朝鮮國志』: 전부錢溥는 명明나라 때 송강松江 화

정華亭(지금 상해시上海市 송강松江) 사람으로 자는 원부原溥이다. 정통正統 4년(1439)에 진사가 되었고 벼슬은 남경이부상서南京吏部尚書에 이르렀다. 저서로 『사교록使交錄』・『비각서목秘閣書目』 등이 있으나 『조선국지朝鮮國志』에 대해서는 별로 알려진 바가 없다.

　『사고전서四庫全書』 「사부史部」 <지리류地理類> 『절강통지浙江通志』 권244에 예겸倪謙이 지은 『조선기사朝鮮記事』, 황여헌黃汝憲이 지은 『조선국기朝鮮國記』, 오명제吳明濟 자어子魚가 편찬한 『조선세기朝鮮世紀』 등은 소개되어 있으나 전부錢溥가 지은 『조선국지朝鮮國志』는 보이지 않는다. 아마도 유실된 데 따른 것이 아닌가 여겨진다.

6. 『학해學海』 : 『학해學海』는 두 가지 종류가 있다. 하나는 남송南宋 함순咸淳 연간에 좌규左圭라는 학자가 당송唐宋시대 명인名人들의 야사野史와 잡설雜說을 수집하여 편찬한 것으로 모두 10집集 100종種이며 『백천학해百川學海』라고 이름을 붙였다. 다른 하나는 청清나라 시기에 조용曹溶이라는 학자가 당송唐宋으로부터 청대清代에 이르기까지 각 명가名家들의 영편零篇과 산질散帙을 모아 편찬한 것으로 정집正集과 속집續集으로 구성되었고 「경익經翼」・「사참史參」・「자류子類」・「집여集餘」 네 종류로 분류하였으며 명

칭을 『학해류편學海類編』이라고 하였다.

　『학해류편學海類編』에는 450종 810권이 수록되어 있으며 모두 10책이다. 여기서 오임신吳任臣이 인용한 『학해學海』는 조용曹溶이 편찬한 『학해류편學海類編』을 가리킨 것이라고 하겠다. 조용曹溶은 명말明末 청초清初 때 절강浙江 수수秀水(지금 가흥시嘉興市) 사람으로 자字는 결궁潔躬, 일자一字는 추악秋岳, 호號는 권포倦圃, 별호別號는 금타로포金陀老圃이다. 벼슬은 어사御史 · 호부시랑戶部侍郎 광동포정사廣東布政使 등을 역임했다.

제3장
조선성
朝鮮城

요서조선遼西朝鮮이 남긴 유적,
하북성河北省 진황도시秦皇島市 노룡현盧龍縣 조선성朝鮮城

노룡현 조선성 위치

백이 숙제가 독서하던 곳의 표지석, 하북성 진황도시 노룡현에 있다.

1. 조선성朝鮮城 사료 역문

『태평환우기太平寰宇記』 권70 평주平州

평주平州 : 북평군北平郡이다. 지금의 노룡현盧龍縣을 치소治所로 하고 있다. 『우공禹貢』에는 기주冀州의 지역이다. 우순虞舜의 12주州로는 영주營州의 지역이 된다. 『주관周官』「직방職方」에는 또 유주幽州의 땅으로 되어 있다. 춘추春秋시대에는 산융山戎의 고죽孤竹, 백적白狄의 비자肥子 두 나라 땅이 되었다. 『사기史記』에는 "제환공齊桓公이 북쪽으로 산융山戎을 정벌하여 고죽孤竹에 이르렀다"라고 하였다. 『이아爾雅』에는 "고죽觚竹·북호北戶·서왕모西王母·일하日下를 사황四荒이라 한다"라고 하였다.

전국戰國시대에는 연燕나라에 소속되었고 진秦나라가 천하를 통일한 다음에는 우북평右北平 및 요서遼西 두 군郡

의 지역이 되었다. 한漢나라 시대에는 그대로 따랐으며 요서군遼西郡의 비여현肥如縣이 되었다. 후한後漢 말에는 공손도公孫度가 평주목平州牧을 자칭하고 제멋대로 차지하여 아들 강康과 강康의 아들 연淵에까지 이르렀는데 모두 요동遼東의 땅을 얻어 그 밖의 여러 동이東夷도 다 복종하였다.

진晉나라 때는 요서군遼西郡에 소속되었고 후위後魏시대에도 또한 그러하였다. 수隋나라 개황開皇 초기에 우북평군右北平郡이 되었고 10년에 주州로 개정하였다. 양제煬帝가 즉위한 후 또 주州를 폐지하고 다시 군郡으로 삼았다.

당唐나라 무덕武德 2년에 군郡을 폐지하고 평주平州로 삼아 임투臨渝·비여肥如 두 현縣을 관할하였다. 그 해에 임투臨渝로부터 비여肥如로 치소治所를 옮겼고 이어서 비여肥如를 개정하여 노룡현盧龍縣으로 삼았으며 다시 무녕현撫寧縣을 치소治所로 했다. 7년에 임투臨渝·무녕撫寧 두 현縣을 감축시켰다. 천보天寶 원년에 북평군北平郡으로 고쳤다가 건원乾元 원년에 다시 평주平州로 삼았다.

본래 관할하던 현縣이 세 개인데 지금도 세 개 현이다.
노룡盧龍·석성石城·마성馬城

노룡현盧龍縣

본래는 한漢나라의 비여현肥如縣으로 요서군遼西郡에 소속되었다. 응소應劭는 말하기를, "비자肥子가 연燕나라로 도망치니 연燕나라가 이곳에 봉하였다"라고 하였다.

당唐나라 무덕武德 3년에 임투臨渝를 감축시키고 평주平州를 이동시켜 이곳에 설치하고 이어서 비여현肥如縣을 개정하여 노룡현盧龍縣으로 삼아 수隋나라 개황開皇시기의 옛 명칭을 회복하였다.

남산藍山 : 후위後魏의 『여지도興地圖』「풍토기風土記」에는 말하기를, "노룡盧龍의 서쪽 49리에 남산藍山이 있는데 남취藍翠 색상이 중첩되어 있기 때문에 그런 이름이 붙게 되었다"라고 하였다.

갈석산碣石山 : 『산해경山海經』에 말하기를, "갈석산碣石山에서 승수繩水가 나온다"라고 하였다. 현縣의 남쪽 23리에 있는데 갈연碣然히 바다 곁에 서 있기 때문에 그런 이름이 붙게 되었다. 진晉나라의 『태강지지太康地志』에는 "진秦나라에서 장성長城을 축조했는데 갈석碣石으로부터 시작하였다"라고 하였다. 지금 고구려高句麗의 옛 국경선에 있는 갈석碣石은 이 갈석碣石이 아니다.

임여산臨餘山 : 본래의 명칭은 임투산臨渝山인데 발음이 와전되어 여餘가 되었다. 관關이 있는데 호胡와 통하는 길이다. 지금 현縣의 동쪽 180리에 있다.

신부산新婦山 : 『구주요기九州要記』에는 말하기를, "노룡盧龍 유성柳城 남쪽에 신부산新婦山이 있다"라고 하였다.

노수盧水 : 일명은 대저수大沮水이다. 지금은 소유수小濡水라고 한다. 북쪽 영주營州 유성현柳城縣 지역으로부터 흘러들어온다. 『수경주水經注』에는 말하기를, "현수玄水가 비여현肥如縣 북쪽에서 흘러나오는데 일명 현계玄溪라 한다"라고 하였다.

황락수黃洛水 : 『수경주水經注』에는 말하기를, "낙수洛水가 북쪽 노룡산盧龍山 남쪽에서 나와 유수濡水로 유입된다"라고 하였다.

비이계卑耳溪 : 『수도경隋圖經』에서는 다음과 같이 말하였다. "살피건대 『관자管子』에는 이런 기록이 있다. 제환공齊桓公이 북쪽으로 고죽국孤竹國을 정벌하기 위해 떠나 아직 비이계卑耳溪에 당도하지 못했을 때 키가 크고 인물이 갖추어진 어떤 사람을 발견했는데, 머리에는 관冠을 쓰고 오른쪽은 옷을 걷어 올렸으며 말을 타고 빠른 속도로 앞을 지나갔다. 관중管仲이 말하기를, '등산登山의 신神에 유아兪兒가 있는데 패왕霸王의 군주가 일어나면 등산登山의 신神이 나타납니다. 그리고 또 말을 달린 것은 앞에서 인도를 한 것이고 옷을 걷어 올린 것은 앞에 물이 있다는 것을 보여준 것이며 오른쪽 옷을 걷어 올린 것은 오른쪽을 향하여 건너라는 것을 보여준 것입니다'라고 하였다. 비이계卑耳溪에 당도하였는데 물 건너는 것을 도와주는 사람이 말하기를, '왼쪽을 통해서 건너면 그 깊이가 머리까지 미치고 오른쪽으로 건너면 그 깊이가 무릎까지 미친다'라고 하였다. 다 건너고 나서 환공桓公이 배례를 올리며 말하기를, '중부仲父의 성스러움이 여기에까지 이르렀다'라고 하였다."

소하수素河水: 『수경주水經注』에 말하기를, "소하수素河水는 영지현令支縣의 남산南山에서 나와 남쪽으로 신하新河와 합쳐진다"라고 하였다.

황락성黃洛城: 은殷나라 제후諸侯의 나라이다.

영지성令支城 : 한漢나라의 현縣으로 요서군遼西郡에 소속되었다. 폐성廢城이 오늘의 현縣 경계에 있다. 영令의 음音은 영鈴이고 지支의 음音은 지祗이다. 원본原本에는 오류를 범하여 영令의 음音은 영零이고 지支의 음音은 기岐라고 하였다. 응소應劭의 주注와 『한서漢書』의 「지리지地理志」에 근거하여 개정했다.

고죽성孤竹城 : 오늘의 현縣 동쪽에 있다. 은殷나라의 제후諸侯인 백이伯夷·숙제叔齊의 나라였다. 또 살피건대 『현도기縣道記』에는 "고죽성孤竹城이 비여성肥如城 남쪽 20리에 있다"라고 하였다. 『사기史記』에는 "제환공齊桓公이 산융山戎을 정벌하여 북쪽으로 고죽국孤竹國에 이르렀다"라고 하였다. 또 『수도경隋圖經』에는 다음과 같이 기록되어 있다. "고죽성孤竹城 : 한영제漢靈帝 때 요서태수遼西太守 염번廉翻이 꿈을 꾸니 어떤 사람이 그에게 나타나서 말하기를, '나는 고죽군孤竹君의 아들이고 백이伯夷의 아우이다. 요해遼海에 나의 관곽棺槨이 표류漂流하고 있는데, 들기에 우리 태수太守가 어질고 선량하다고 하니 잘 묻어주기를 바란다'라고 하였다. 그 다음날 살펴보니 관棺이 나루 위에 떠 있는 것이 보였다. 이에 관을 수습하여 개장改葬을 하였는데 이인吏人 가운데 이를 비웃은 사람은 모두 아무 질병도 없이 죽었다." 지금 개장改葬한

장소가 현존하고 있고 사당은 산 아래에 있는데 매우 근엄하다.

조선성朝鮮城 : 바로 기자箕子가 봉함을 받은 지역이다. 지금 폐성廢城이 있다.

요서성遼西城 : 한漢나라 때 여기에 군郡을 설치했다. 폐성廢城이 지금 군의 동쪽에 있다.

진장성秦長城 : 진秦나라가 몽염蒙恬으로 하여금 부소扶蘇를 보좌하여 축조하게 한 것이다. 동서의 길이가 만 리에 달한다. 기량杞梁의 아내가 슬피 곡哭을 하니 성城이 무너져 남편의 유골을 찾았다는 곳이 바로 이 성城이다.

노룡도盧龍道 : 『위지魏志』에 말하기를, "조공曹公이 북쪽으로 오환烏桓·전주田疇를 정벌할 때 노룡도盧龍道로부터 군대를 이끌고 노룡새盧龍塞를 나가 산을 절단하고 골짜기를 메우기를 500여 리를 하였고 백단白檀을 원본에는 백白자가 탈락되어 있는데 『수경주水經注』에 근거하여 보충해 넣었다. 경유하고 평강平罡을 지나고 백랑白狼에 올라서 유성柳城을 바라보았다"라고 한 곳이 바로 이 노룡도盧龍道

이다. 어떤 사람은 노룡새盧龍塞라 말하기도 한다. 지금은 군의 성城 서북쪽 200리에 있다.

  망해대望海臺 : 한漢나라의 무제武帝가 세운 것이다. 여기에 올라가서 바다를 바라보았다.

2. 조선성朝鮮城 사료 원문

史部/地理類/總志之屬/太平寰宇記/卷七十

平州

平州 北平郡 今治盧龍縣 禹貢冀州之域 虞十二州 為營州之境 周
官職方 又在幽州之地 春秋為山戎孤竹白狄肥子二國
地 史記 齊桓公北伐山戎 至孤竹 爾雅云 觚竹北戸西
王母日下 謂之四荒 戰國時 斯地屬燕 秦兼天下 為右
北平 及遼西二郡之境 漢因之 為遼西郡之肥如縣 後漢
末 公孫度 自號平州牧擅據 及子康 康子淵 俱得遼東
之地 邊外版圖 皆伏焉 晉屬遼西郡 後魏亦然 隋開皇
初 為右北平郡 十年改為州 煬帝即位 又廢州 復為郡
唐武德二年 廢郡為平州 領臨渝肥如二縣 其年自臨渝
移治肥如 仍改肥如 為盧龍縣 更治撫寧縣 七年省臨渝
撫寧二縣 天保元年 改為北平郡 乾元元年 復為平州

元領縣三 盧龍 石城 馬城 **盧龍縣** 本漢肥如縣也 屬
遼西郡 應劭曰 肥子奔燕 封於此 唐武德三年 省臨渝
移平州置此 仍改肥如縣 為盧龍縣 復隋開皇之舊名 藍
山 後魏興地風土記云 盧龍西四十九里 有藍山 其色藍
翠重疊 故名之 碣石山 山海經云 碣石之山 繩水出焉
在縣二十三里 碣然而立在海傍 故以為名 晉太康地理
志云 秦築長城 起自碣石 在今高麗舊界 非碣石也 臨
餘山 本名臨渝山 音訛為餘有闕 通胡之路 在今縣東一
百八十里 新婦山 九州要記云 盧龍柳城南 有新婦山
盧水 一名大沮水 今名小濡水 北自營州柳城縣界 流入
水經注 玄水出肥如縣北 一名玄溪 黃洛水 水經注黃洛
水 出盧龍山 南流入於濡水 卑耳谿 隋圖經 按管子云
齊桓公 北征孤竹 未至卑耳之谿 見一人長尺 人物具焉
冠右袪衣 走馬前疾 管仲曰 登山之神 有俞兒 霸王之
君興 而登山之神見 且走馬前疾導也 袪衣 示前有水也
右袪衣 示從右方涉也 至卑耳之谿 有贊水者曰 從左方
涉 其深及冠 右方涉 其深至膝 已涉 桓公拜曰 仲父之
聖至此 素河水 水經注云 素河水 出令支縣 藍山南 與
新河合 黃洛城 殷諸侯之國 令支城 漢縣 屬遼西郡 廢
城在今縣界 令音零 支音岐 孤竹城 在今縣東 殷之諸
侯 即伯夷叔齊之國 郡國縣道記 孤竹城 在肥如城南二
十里 史記 謂齊桓公伐山戎 北至孤竹國 又隋圖經云

孤竹城 漢靈帝時 遼西太守廉翻夢 人曰余 孤竹君之子
伯夷之弟 遼海漂吾棺 聞君仁善 願見葳覆 明日則見浮
棺於津 收之乃為改葬 吏人嗤笑者 皆無疾而死 今改葬
所尚存 祠在山下極巖 **朝鮮城** 即箕子受殷封之地 今
有廢城 遼西城 漢為郡於此 廢在今郡東 秦長城 秦使蒙
恬 輔其子扶蘇之所築 東西長萬里 杞梁妻哭 城崩得夫
骨 即此城也 盧龍道 魏志曰 曹公北征烏丸田疇 自盧
龍道引軍 出盧龍塞 塹山堙谷 五百餘里 經白檀 歷平
罡 登白狼 望柳城 即此道也 一謂之盧龍塞 今在郡城
西北二百里 望海臺 漢武所立 登之以望海

3. 사료적 가치

현대 한국인들은 평주平州라는 지명에 대해 상당히 생소하게 느낄 것이다. 왜냐하면 현재 중국의 지도에는 평주平州라는 지명은 나오지 않기 때문이다. 평주平州는 중국 하북성河北省 지역에 있던 지명으로 송宋나라 때는 하북도河北道에 소속되어 있었다.

송宋나라 낙사樂史의 『태평환우기太平寰宇記』에서 평주平州의 내력에 대해 설명하고 있는 것을 요약하면 대략 다음과 같다. "평주平州는 순舜임금이 중국을 12주州로 나누었을 때는 영주營州 지역이고, 하夏나라의 우왕禹王시대에는 기주冀州 지역이었으며, 주周나라시대에는 유주幽州 지역이었고, 춘추春秋시대에는 산융족山戎族의 고죽국孤竹國, 백적족白狄族의 비자국肥子國 지역이었으며, 전국戰國시대에는 연燕나라 지역이었고, 진시황제가 천하를 통일한 이후에는 우북평군右北平郡·요서군遼西郡 지역이었으며, 한漢나라시대에는 요서군遼西郡 지역이었고, 후한後漢 말에는 공손도公孫度가 차지하여 평주목平州牧이라 했으며, 진晉나라와 북위北魏시대에는 요서군遼西郡에 소속되었고, 수隋나라 때 우북평군右北平郡으로 되었으며, 당唐나라 무덕武德 2년에 평주平州로 되었다가 천보天寶 원년에 북평군北平郡으로 개정하였고, 건원乾元 원년에는 다시 평주平州로 되었다."

송宋나라 때 하북도河北道 평주平州는 오늘날의 중국 하북성 동쪽의 당산시唐山市·진황도시秦皇島市 일대에 해당하는 지역으로서 노룡盧龍·석성石城·마성馬城 3현縣을 관할하고 있었다. 그런데 노룡현盧龍縣 조항에서 갈석산碣石山·영지성令支城·고죽성孤竹城·요서성遼西城과 함께 조선성朝鮮城을 소개하고 있다.

『태평환우기太平寰宇記』 기록의 순서를 보면 고죽성孤竹城 다음에 바로 이어서 조선성朝鮮城, 조선성朝鮮城 다음에 요서성遼西城을 기록하였다. 이것은 고죽성孤竹城 부근에 조선성朝鮮城이 있었고 조선성朝鮮城 부근에 요서성遼西城이 있었다는 것을 의미한다.

고죽성孤竹城·조선성朝鮮城·요서성遼西城이 거리상으로 서로 멀리 떨어져 있었다면 이런 순서에 따라 기록할 수 없었을 것이다.

　고죽국孤竹國은 어떤 나라인가. 주周나라가 은殷나라를 침략하여 멸망시키자 주周나라에 굴복하여 신하로 섬기기를 거부하고 수양산에 들어가 고사리를 캐먹으며 굶주린 채 살다가 죽은 것으로 유명한 백이伯夷·숙제叔齊의 나라이다. 이 백이·숙제의 나라가 송나라 때의 평주平州 노룡현盧龍縣에 있었다. 그러므로 거기에 고죽성孤竹城이 있었던 것이다.

　그리고 송宋나라 때 노룡현盧龍縣이 한漢나라 때는 비여현肥如縣으로 요서군遼西郡에 소속되어 있었다. 뿐만 아니라 비여현은 요서군의 군청소재지이기도 하였다. 그런 연유로 노룡현에 요서遼西의 폐성廢城이 남아 있었던 것이다.

　그러면 우리 한민족의 첫 국가 고조선古朝鮮과 동일한 이름의 조선성朝鮮城이 왜 송나라의 하북도河北道 평주平州 노룡현盧龍縣 지역에 고죽성孤竹城·요서성遼西城과 함께 폐성廢城으로 남아 있었던 것일까.

　『태평환우기太平寰宇記』의 저자는 노룡현盧龍縣에 있는 조선성朝鮮城을 소개하면서 "조선성朝鮮城은 바로 기자箕子가 봉함을 받은 지역이다. 지금 폐성廢城이 있다(朝鮮城卽箕子受封之地 今有廢城)"라는 설명을 덧붙이고 있다.

"은殷나라의 왕족인 기자箕子가 은殷나라가 멸망하자 조선朝鮮으로 떠나갔다"라고 『상서대전尙書大傳』·『사기史記』를 비롯한 여러 많은 중국의 고대 문헌에서 기록하고 있는데, 『태평환우기』의 기록은, 당시에 기자箕子가 찾아갔던 조선朝鮮은 오늘의 대동강 유역 평양平壤에 있던 조선朝鮮이 아니라 오늘의 하북성 동쪽 조하潮河 유역에 있던 조선朝鮮이었다는 사실을 증명하는 결정적인 증거가 된다.

　지명은 역사가 흐르면서 여러 가지 원인에 의해 변경된다. 그러나 오랜 역사가 흐르더라도 어떤 방식으로든 그 흔적은 남는다는 것이 지명이 지닌 특징이다. 그런데 중국에 남아 있는 한국사와 관련된 지명들은 중국인들의 의도적인 은폐와 말살로 인해 문헌상에는 지명이 나오지만 현재 중국의 지도상에서는 확인이 안 되는 경우가 허다하다.

　그런데 다행스럽게도 고조선古朝鮮의 폐성廢城 유적이 있었던 송나라의 하북도 평주平州 노룡현盧龍縣은 천여 년의 세월이 지난 지금까지도 바뀌지 않고 현재의 중국 지도상에 그 이름 그대로 남아 있다.

노룡현盧龍縣은 수隋나라 개황開皇 18년(598)에 신창현新昌縣을 개정하여 최초로 설치되었으며, 그 후 당唐·송宋·원元·명明·청清 등을 거치며 북평군北平郡·평주平州·영평로永平路·영평부永平府 등으로 소속은 여러 차례 바뀌었지만 노룡현盧龍縣이라는 이름에는 변화가 없었으며, 1985년 하북성 진황도시秦皇島市 관할이 되었다.

하북성 동부 청룡하青龍河 하류에 위치한 노룡현盧龍縣은 현재 행정구역상으로 하북성 진황도시秦皇島市에 소속되어 있으며, 진황도시秦皇島市는 북대하구北戴河区·창려현昌黎縣·무녕현撫寧縣·해항구海港区·노룡현盧龍縣·청룡만족자치현青龍滿族自治縣·산해관구山海關区를 포함하고 있다.

모택동이 여름철이면 수영을 즐겼던 곳으로 현재 중국 공산당간부들의 피서지로 유명한 북대하北戴河와 명나라 이후 중원과 동북을 가르는 관문인 산해관山海關이 바로 이 노룡현盧龍縣과 이웃하여 있다.

필자가 노룡현盧龍縣을 처음 방문한 것은 1991년경, 그러니까 한·중수교가 시작될 무렵이었다. 필자가 한국정신문화연구원에 근무할 때인데, 어느 날 『삼국유사』 고조선 조항에 나오는 "고려본고죽국高麗本孤竹國"이라는 기록을 발견하고서 고구려의 뿌리를 알자면 고죽국孤竹國

이 어떤 나라인가를 살펴보는 일이 필요하겠다는 생각이 들었다. 그것을 확인하기 위해 고죽국孤竹國에 관한 논문을 조사해 보았더니, 국내에 고죽국孤竹國에 관해 쓴 논문이 단 한 편도 없었다. 그때 필자는 한국역사학계의 무책임과 무능에 크게 실망했고 고죽국孤竹國에 관한 자료를 찾기 위해 대만으로 향했다. 그 당시는 중국이 지금처럼 왕래가 자유롭지 않았기 때문에 중국이 아닌 대만을 찾은 것이다.

대만에 가서 도서관과 서점을 뒤지다가 발견한 것이 송나라 사람 낙사樂史가 쓴 『태평환우기太平寰宇記』이다. 여기서 『삼국유사三國遺事』에 나오는 백이伯夷・숙제叔齊의 나라 고죽국孤竹國이 송나라 때 평주平州 노룡현盧龍縣 조항에 실려 있는 것을 보게 되었다. 이는 송나라의 노룡현盧龍縣이 은殷나라 때의 고죽국孤竹國이라는 것을 말해 주는 것인데, 문제는 송나라의 노룡현盧龍縣이란 지명이 과연 없어지지 않고 현재의 중국 지도상에 그대로 남아 있느냐 하는 것이었다. 그래서 그것을 확인하기 위해 『현대 중국 지명사전』을 구해서 살펴보았더니 거기에 하북성 진황도시에 노룡현盧龍縣이란 지명이 나오고 중국 지도상에서도 북대하北戴河 부근에서 노룡盧龍이란 지명이 확인되었다.

필자는 그 후 이 지역을 답사하기 위해 여러 차례 중국을 방문하였다. 오늘날 중국은 비약적으로 발전을 거듭하여 G2국가가 되었지만 1990년대의 중국은 오늘날과는 많이 달랐다. 비행기 시간을 제대로 지키지 않아 연착하기 일쑤였고, 노룡盧龍과 같은 시골의 교통편은 불편하기 이루 말할 수 없었으며, 제대로 된 숙박시설도 물론 갖추어지지 않았다. 며칠을 걸려서 온갖 고생을 하며 노룡盧龍을 찾아갔는데, 그때만 해도 시장자본주의 정신을 긍정적으로 평가한 등소평의 '흑묘백묘'론이 나오기 이전으로 중국이 몹시 가난에 지쳐 있을 때라 지방정부에 의한 역사적인 유물 유적의 관리가 제대로 이루어지지 않았다. 백성들 또한 백이伯夷·숙제叔齊와 같은 그 고장의 역사적인 인물에 대해서 그다지 관심이 없었고, 그러한 유적이 있다는 사실조차 아는 사람이 드물었다.

그래서 하는 수 없이 노룡현盧龍縣 청사를 찾아가 문화국장의 안내를 받아 백이伯夷·숙제叔齊 유적을 방문하여 백이·숙제가 독서讀書하던 곳, 백이·숙제의 우물 등을 답사하였다. 그리고 난하 부근에 있는 백이·숙제의 사당은 난하의 수리조합건물로 사용되고 있었다. 자료에 따르면 "백이·숙제를 기념하는 비석들이 임립林立 즉 숲속에 나무들이 빼곡이 서 있는 것처럼 줄지어 늘어서 있었다"라고 기록하였는데, 백이·숙제의 고향이라는 동네에 비석이 한 개도 보이지 않는 것이 이상하여 마을의 이장里長을 찾아 기념비가 보이지 않는 이유를 물었더니, 백이·숙제 사당을 난하수리조합으로 구조를 변경하여 개축하면서 많은 비석들을 깨뜨려 담장을 쌓는 데 사용했다고 하였다.

그리고 남은 비석들은 동네사람들이 가져다가 집에서 사용한다고 하면서 몇 집을 소개해 주기까지 했는데, 어떤 사람은 비석들을 돼지우리 칸막이로 사용하고 있었고 또 어떤 사람은 우물가에 엎어놓고 빨래판으로 이용하기도 하였다. 그러나 이것은 20년 전 중국의 모습이다. 오늘날 중국은 비약적인 경제성장과 함께 역사적인 유물·유적의 유지와 보수에 어느 나라 못지않게 정성을 기울이고 있다. 지금은 중국 어디를 가나 역사적 유물과 유적들이 잘 보존되고 정비되어 있는 것을 보면서 사실 부러움을 느낄 때가 한두 번이 아니다.

필자가 송나라 낙사樂史의 『태평환우기太平寰宇記』를 입수하여 여기서 "하북성 노룡현에 기자가 동쪽으로 와서 봉함을 받은 조선성이 있다"라는 기록을 발견한 것은 지금으로부터 이미 20여 년 전의 일이다. 그런데 지금껏 이것을 발표하지 않고 미루어 왔던 이유는 두 가지이다.

첫째는 솔직히 필자로서도 당시에는 얼른 그 내용이 수긍이 가지 않았기 때문이다. 조선조 500년 동안 조선의 선비들은 기자조선을 대동강 유역 평양에 있었다고 말해왔다. 기자가 왔던 조선이 평양이 아니라 하북성의 노룡현이었다는 사실을 이야기한 사람은 단 한 사람도 없었다.

청나라를 부지런히 오가며 자료를 수집하고 고증학 연구에 힘쓴 수많은 조선의 실학자들도 『태평환우기太平寰宇記』의 고조선기사를 언급한 사람은 없었다. 민족주의 사학자로 대표되는 단재 신채호의 『조선상고사』, 박학다식으로 유명한 위당 정인보의 『고조선연구』 등에서도 역시 『태평환우기太平寰宇記』의 고조선기사는 언급되어 있지 않다.

그 이유가 과연 무엇일까. 김부식의 『삼국사기』는 어차피 고조선을 빼놓고 고구려·백제·신라만을 다루었으니 그렇다고 치자. 일연의 『삼국유사』는 왜 고조선 조항에 기자조선을 언급하면서도 이토록 중요한 자료를 빼놓고 한마디도 언급하지 않은 것일까. 그 뒤 수많은 조선조의 역사학자들과 실학자들, 현대 한·중·일의 역사학자들의 논리 가운데 『태평환우기』의 평주 노룡현 조선성 기록이 보이지 않은 이유가 실로 궁금했다. 따라서 그것이 과연 역사적 사실에 부합되는 기록인지 확인하는 데 많은 시간이 소요되었기 때문이다.

둘째는 한국의 학자도 북한의 학자도 중국의 학자도 일본의 학자도 전혀 언급하거나 인용한 적이 없는 그런 새로운 자료를 세상에 내놓으려면 그것을 뒷받침할 만한 다른 충분한 보충자료가 있어야 하는데, 상고사 분야에서 그러한 자료를 찾는다는 것이 사실 모래를 일어서 금을 찾는 일만큼이나 쉽지 않은 일이었기 때문이다.

그러나 이제 이 자료를 세상에 공개하는 이유는 지난 20여 년 동안의 관련 유적 답사와 관련 문헌의 조사연구를 통해 여러 가지 자료를 검토 분석함으로써, 일연의 『삼국유사』나 조선의 학자들이 『태평환우기』의 고조선기사를 언급하지 않은 것은 이 기록이 역사사실에 부합되지 않아서가 아니라 미처 발견하지 못한 데서 유래했다는 사실을 확인했기 때문이다.

『태평환우기』의 "평주 노룡현에 조선성이 있다"라는 기록을 단순히 이 기록 하나만 놓고 보면 누구나 얼른 수긍이 가지 않을 것이다. 그러나 이를 "북해(발해)의 모퉁이에 나라가 있는데 그 이름을 조선이라 한다"라고 말한 『산해경』의 기록, "중국 남쪽 송나라에서 북방 요나라 서울 영성寧城으로 갈 때 하북성 고북구 서쪽에 있는 조선하朝鮮河를 건너서 갔다"라는 『무경총요』와 『왕기공행정록』의 기록, "선비족 모용외가 조선朝鮮에서 터전을 닦고 모용황이 조선공朝鮮公에 봉해졌다"라는 두로공신도비문豆盧公神道碑文의 기록, "갈석산 부근에 조선국이 있었다"라는 『회남자淮南子』의 기록 등과 대조하여 본다면 기자의 조선이 대동강 유역 평양이 아니라 하북성 요서 지역에 있었다는 사실이 확신으로 다가오게 됨을 알게 될 것이다.

4. 서지사항

『태평환우기太平寰宇記』

『태평환우기太平寰宇記』는 송宋나라 때 낙사樂史(930~1007)가 편찬한 지리총지地理總志로 총 200권이다. 낙사樂史의 자字는 자정子正으로 무주撫州 의황宜黃(지금은 강서성江西省에 속함) 사람이다. 처음에는 남당南唐에서 벼슬하였고 송나라에 들어와서는 지주知州·삼관편수三館編修·수부원외랑水部員外郎 등을 역임했다.

송宋나라 태종太宗 태평흥국太平興國 4년(979) 송나라가 북한北漢을 멸망시키고 오대십국五代十國의 분열 국면을 마무리지었는데 기존에 있던 지리지인 『원화군현지元和郡縣志』는 그 내용이 너무 간략했고 또 당말唐末 오대五代 분열시기에 지명이 바뀐 곳도 많았다.

이에 낙사樂史는 이 책의 편찬에 착수하여 여러 해 동안 노력을 거친 끝에 완성하였다. 송나라 태종 태평흥국 연간(976~983)에 『원화군현지元和郡縣志』를 이어서 편찬된 이 책은 현존하는 지리총서 가운데 비교적 시기가 빠르고 완전한 책으로 평가된다.

이 책의 앞부분 171권은 송나라 초기에 설치된 하남河南·관서關西·하동河東·하북河北·검남서劍南西·검남동劍南東·강남동江南東·강남서江南西·회남淮南·산남서山南西·산남동山南東·농우隴右·영남嶺南 등 13도道에 의거하여 각 주부州府의 연혁沿革·영현領縣·주부경州府境·사지팔도四至八到·호구戶口·풍속風俗·성씨姓氏·인물人物·토산土産 및 소속 각 현縣의 개황, 산천 호택湖澤·고적古蹟 요새要塞 등을 나누어 기술하였다.

당시에 유주幽州·운주雲州 등 16주州는 비록 송宋나라의 판도에 들어 있지는 않았지만 아울러 기술함으로써 장차 회복하겠다는 의지를 분명히 하였다.

13도 이외에는 또 '사이四夷'라는 항목을 따로 설정하여 여기서 주변의 각 민족들에 대해 29권으로 기술했다.

『태평환우기太平寰宇記』는 역대의 사서史書·지리지·문집·

비각碑刻·시부詩賦 등 광범위한 자료를 널리 인용하고 있는데 고증이 비교적 정확하다는 평가를 받는다. 사고四庫의 관신館臣은 "지리서의 기록이 이 책에 이르러 비로소 상세하게 되었고 체제 또한 이 책에 이르러 크게 변화되었다"라고 말하였다.

이 책에는 지금은 이미 유실되고 전하지 않는 진귀한 사료들이 다수 포함되어 있어 한대漢代에서 송대宋代까지, 특히 당唐과 오대십국사五代十國史를 연구하는 데 매우 중요한 가치를 지니고 있다.

그리고 『태평환우기太平寰宇記』는 송나라 여러 주군州郡의 주호主戶와 객호客戶의 호구戶口 통계는 물론 주변 다른 민족들의 호구戶口 숫자까지도 기록하고 있어 송나라 초기 주변 각 민족의 인구 분포와 경제 상황을 이해하는 데 크게 참고가 된다.

제4장
조선공
朝鮮公

서기 325년 선비족鮮卑族 모용황慕容皝이
조선공朝鮮公에 봉해진 배경

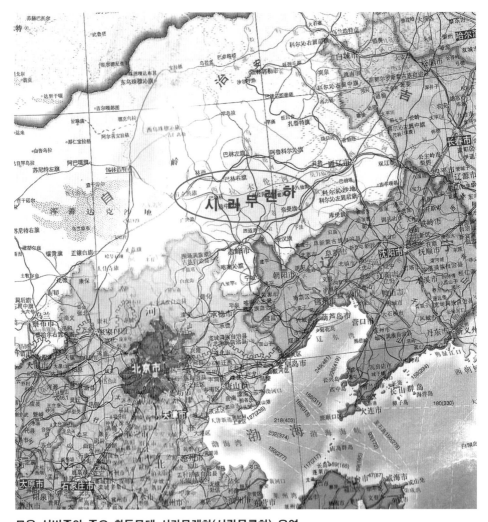

모용 선비족의 주요 활동무대 시라무렌하(서랍목륜하) 유역

1. 조선공朝鮮公 사료 역문

『진서晉書』 권109 「재기載記」 9 <모용황慕容皝>

모용황慕容皝의 자字는 원진元真으로 모용외慕容廆의 셋째 아들이다. 용안龍顔에 가지런한 치아를 가졌고 신장身長은 7척尺 8촌寸이나 되었다.

씩씩하고 군세면서도 권모와 지략이 많았고 경학經學을 숭상하고 천문天文을 잘 보았다. 모용외慕容廆가 요동공遼東公으로 되면서 세자世子로 세웠다.

건무建武(317~318) 초기에 관군장군冠軍將軍·좌현왕左賢王으로 삼았고 망평후望平侯[1]에 봉하였다. 군대를 이끌고 정토征討에 참가하여 수차에 걸쳐서 공로를 세웠다. 태녕太寧(323~325) 말기에 평북장군平北將軍에 임명되고 **조선공**朝鮮公[2]에 진봉進封되었다.

모용외慕容廆가 서거하자 그 자리를 계승하여 평북장군平北將軍·행평주자사行平州刺史로써 부족部族 내부를 관리 감독하였다. 얼마 뒤에 우문걸득귀宇文乞得龜[3]가 그 별부別部인 일두귀逸豆歸[4]로부터 축출당하여 외지로 망명했다가 죽었다.

모용황慕容皝이 기병騎兵을 인솔하고 토벌하니 일두귀逸豆歸가 두려워하여 화의和議를 요청하자 드디어 유음楡陰·안진安晉 두 성城을 쌓고 돌아왔다.

처음에 모용황慕容皝의 서형庶兄인 건위장군建威將軍 모용한慕容翰이 날쌔고 씩씩하여 웅재雄才가 있어 본디 모용황慕容皝의 시기하는바 되었고 모제母弟인 정로장군征虜將軍 모용인慕容仁과 광무장군廣武將軍 모용소慕容昭가 아울러 모용외慕容廆에게 총애를 받으니 모용황慕容皝이 이를 또한 불평하였다.

모용외慕容廆가 서거함에 이르러 이들이 아울러 용납되지 못할 것을 두려워하였다. 이에 이르러 모용한慕容翰은 단료段遼[5]에게로 달아났고 모용인慕容仁은 모용소慕容昭에게 군대를 일으켜 모용황慕容皝을 제거할 것을 권고하였다.

모용황慕容皝이 모용소慕容昭를 살해하고 사신을 보내

모용인慕容仁의 허실虛實을 조사하게 하였다.

험독險瀆[6]에서 모용인慕容仁과 마주쳤는데 모용인慕容仁이 모사가 발각된 사실을 알고 모용황慕容皝의 사신을 살해한 다음 동쪽의 평곽平郭[7]으로 돌아갔다.

모용황慕容皝이 그 아우 건무장군建武將軍 모용유慕容幼와 사마동도司馬佟燾 등을 파견하여 토벌하게 했다. 모용인慕容仁이 군사를 총동원하여 막아 싸우니 모용유慕容幼 등이 대패하여 다 모용인慕容仁에게 함락되었다.

양평령襄平令 왕빙王氷·장군將軍 손기孫機는 요동遼東을 근거지로 하여 모용황慕容皝에게 반기를 들었고 동이교위東夷校尉 봉추封抽[8]와 호군護軍 을일乙逸[9], 요동상遼東相 한교韓矯·현도태수玄菟太守 고후高詡 등은 성城을 버리고 달아났다.

모용인慕容仁이 이에 요좌遼左[10]의 땅을 전부 소유하고 거기장군車騎將軍·평주자사平州刺史 요동공遼東公을 자칭하였다. 우문귀宇文歸·단요段遼 및 선비鮮卑 제부諸部가 아울러 그에게 성원을 보냈다.……

2. 조선공朝鮮公 사료 원문

史部/正史類/晉書/卷一百九/載記九

慕容皝 字元眞 廆第三子也 龍顔版齒 身長七尺八寸 雄毅多權略 尙經學 善天文 廆爲遼東公 立爲世子 建武初 拜爲冠軍將軍左賢王 封望平侯 率衆征討 累有功 大寧末 拜平北將軍 進封 **朝鮮公** 廆卒嗣位 以平北將軍行平州刺史 督攝部內 尋而宇文乞得龜 爲其別部逸豆歸所逐 奔死于外 皝率騎討之 逸豆歸懼而請和 遂築楡陰安晉二城而還 初皝庶兄建威翰 驍武有雄才 素爲皝所忌 母弟征虜仁 廣武昭 並有寵于廆 皝亦不平之 及廆卒 並懼不自容 至此翰出奔段遼 仁勸昭擧兵廢皝 皝殺昭 遣使按檢仁之虛實 遇仁於險瀆 仁知事發 殺皝使東歸平郭 皝遣其弟建武幼 司馬佟壽等 討之 仁盡衆距戰 幼等大敗 皆没於仁 襄平令王冰 將軍孫機 以遼東

叛于銚 東夷校尉封抽 護軍乙逸 遼東相韓矯 玄菟太守
高詡等 棄城奔還 仁於是盡有遼左之地 自稱車騎將軍
平州刺史　遼東公　宇文歸段遼　及鮮卑諸部　並為之
援……

3. 사료적 가치

　모용황慕容皝은 조선족朝鮮族이 아니라 선비족鮮卑族이었고 한반도韓半島 사람이 아니라 요서군遼西郡 창려현昌黎縣 사람이었으며 그가 생존한 시기는 297년~348년으로 이씨조선李氏朝鮮이 건국되기 천여 년 전이었다.

　그리고 그가 주로 활동한 무대는 오늘의 서랍목륜하(西拉木倫河) 유역이었다. 그런데 이 자료는 요서遼西에서 활동하던 창려현昌黎縣 사람 선비족鮮卑族 모용황慕容皝이 전쟁에 참가하여 용감히 싸운 공로로 325년 조선공朝鮮公에 봉해졌다는 사실을 말하고 있다.

　우리는 이 내용을 어떻게 이해해야 하는 것일까. 그가 태어나서 생활했던 위진魏晉시대는 중원中原이 혼란에 처하여 십육국이 난립하던 시대로서 이때 압록강 북쪽에는 강대한 고구려가 자리 잡고 있었다.

모용황慕容皝은 진晉나라시대의 인물로 나중에 전연국前燕國을 건립하고 그 국력이 한참 강성할 때는 고구려 도성인 환도성丸都城을 침략한 일도 있었다.

그러나 그 당시는 천하가 혼란에 빠져 밀고 당기기가 계속되던 때로서 고구려는 진晉나라 시대에 요동군遼東郡을 차지하고 백제百濟는 요서遼西·진평晉平 두 군郡을 차지하였다는 기록이 『송서宋書』에 나온다.

요동遼東과 요서遼西가 모두 고구려高句麗·백제百濟의 영토로 귀속된 시기가 바로 진晉나라 때였던 것이다. 따라서 모용황慕容皝은 일생에 걸쳐서 압록강 이남의 한반도 땅을 밟아본 적이 없는 인물이다. 더구나 그가 군공軍功을 세워 조선공朝鮮公으로 봉해지던 젊은 시절에는 그의 행동반경은 선비족鮮卑族의 근거지였던 오늘의 서랍목륜하(西拉木倫河) 상류 일대를 벗어나지 않았다. 그런데 그런 그에게 어떻게 조선공朝鮮公을 봉할 수가 있었을까.

모용황이 활동하던 진晉나라시대의 기록인 『진서晉書』는 당시 낙랑군樂浪郡이 평주平州에 설치되어 있고 낙랑군樂浪郡의 수현首縣으로서 조선현朝鮮縣이 있었다고 기록하고 있다.

모용황慕容皝은 진晉나라 때 사람이니 그가 봉해진 조선朝鮮은 바로 이 당시 평주平州의 조선현朝鮮縣일 것이다.

우리가 상식적으로 생각할 때 여러 지역 가운데서 조선현朝鮮縣을 골라 그에게 조선공朝鮮公으로 봉한 것은 그가 조선朝鮮과 직간접으로 어떤 관련이 있어서였을 가능성이 많다.

그동안 식민사관은 대동강 유역에 낙랑군이 있었고 조선현朝鮮縣이 거기에 수현首縣으로서 존재했다고 주장해 왔다. 이는 『진서晉書』에 나오는 낙랑군樂浪郡 조선현朝鮮縣이 바로 대동강 유역에 있었다는 말이 되는데, 그렇다면 당시 대동강 유역에 있던 낙랑군 조선현은 고구려에 가로 막혀 모용황慕容皝은 한 번 밟아보지도 못한 지역일 뿐만 아니라 아마 이름도 제대로 들어보지 못한 지역일 것이다.

서랍목륜하(西拉木倫河) 유역에서 활동하며 전공을 세운 인물에게 수천 리나 떨어져 있고 아무런 연고나 관련성도 없는 지역을 떼어서 그에게 봉지로 내어준다는 것은 상식적으로 납득할 수 없는 일이다.

『진서晉書』에 기록된 낙랑군樂浪郡 조선현朝鮮縣은 그가 활동하던 지역인 서랍목륜하(西拉木倫河) 유역 부근 요서遼西에 있었고, 그 아버지 모용외慕容廆를 비롯한 선비족

鮮卑族의 조상들은 조선朝鮮의 옛 땅을 근거지로 성장 발전했으며, 조선朝鮮은 역사적으로 문화적으로 모용씨慕容氏와 깊이 관련되어 있었기 때문에 전공을 세운 그에게 보답하는 의미에서 특별히 조선공朝鮮公을 봉했다고 보는 것이 합리적일 것이다.

『진서晉書』뿐만 아니라 『전한서前漢書』·『후한서後漢書』에서도 낙랑군樂浪郡 조선현朝鮮縣에 관한 기록을 볼 수 있다. 진晉나라시대 선비족鮮卑族인 창려현昌黎縣 사람 모용황慕容皝을 조선공朝鮮公에 봉했다는 『진서晉書』「재기載記」<모용황전慕容皝傳>의 기록에 의거하면 『진서晉書』에 나오는 낙랑군樂浪郡 조선현朝鮮縣은 대동강 유역에 있었던 것이 아니라 요하遼河 유역 요서遼西에 있었던 것이 확실하다.

『진서晉書』에 기록된 낙랑군樂浪郡 조선현朝鮮縣이 요서遼西에 있었던 것이 분명하다면 『전한서前漢書』·『후한서後漢書』에 나오는 낙랑군 조선현이 또한 대동강 유역이 아니라 요하遼河 유역 요서遼西에 있었다는 것은 미루어 짐작할 수 있는 일이다. 전한·후한시기에 대동강 유역에 있었던 낙랑군 조선현이 진晉나라시기에 갑자기 아무런 이유도 없이 요하遼河 유역으로 이동해 올 수는 없는 일이기 때문이다.

이 자료에는 "모용황慕容皝이 모용인慕容仁의 허실虛實을 살피기 위해 사신을 보냈는데 험독險瀆에서 모용인慕容仁이 사신과 마주쳐 일이 발각된 것을 알고 모용황慕容皝이 보낸 사신을 살해하고 동쪽의 평곽平郭으로 돌아갔다"라는 기록도 나온다.

여기서 보이는 험독險瀆은 조선왕朝鮮王 위만衛滿의 수도로 알려진 곳이다. 그런데 모용인慕容仁이 험독險瀆에서 모용황慕容皝이 보낸 사신을 살해하고 동쪽으로 평곽平郭에 돌아갔으니 험독險瀆은 평곽平郭의 서쪽에 위치한 것이 확실하다.

그런데 평곽平郭은 오늘날 요하遼河 동남쪽의 개주시盖州市로 비정되고 있다. 모용인慕容仁이 동쪽으로 돌아간 곳이 지금의 개주시盖州市라면 그가 사신을 살해했던 험독險瀆은 요하遼河 서쪽인 요서遼西 지역 어딘가에 있었다고 보는 것이 옳을 것이다.

이것은 위만조선衛滿朝鮮의 수도가 오늘날 대동강 유역의 평양平壤이 아니었고 요서遼西에 있었음을 증명하는 또 하나의 단서가 되기에 충분하다고 하겠다.

『환단고기桓檀古記』·『규원사화葵園史話』 등 낙랑군樂浪郡 조선현朝鮮縣이 대동강 유역이 아니라 요하遼河 유역에 있었다는 것을 증명할 수 있는 수많은 국내 사료가 있다. 그러나 식민사학자들은 이를 재야사서在野史書라는 이유를 들어 일거에 무시하고 아예 거들떠보려고 하지도 않는다.

당태종唐太宗이 저자著者로 되어 있는 『진서晉書』는 중국 최초의 정사正史라고 말할 수 있다. 『진서晉書』는 낙랑군 조선현과 위만조선衛滿朝鮮의 수도 험독險瀆이 요서遼西에 있었다는 사실을 <모용황전慕容皝傳>을 통해서 설명하고 있다.

일제강점기 조선사 말살을 목적으로 식민사학자들이 주장한 대동강 유역 낙랑설을 광복 이후에도 줄기차게 이어가고 있다. 이제 100년의 세월이 흐른 지금 저들 세력은 2세를 지나 3세에 이르러 정통사학의 자리를 굳히고 있다. 그러나 『환단고기桓檀古記』·『규원사화葵園史話』를 재야사서在野史書라는 이름으로 부정해온 식민사학 3세대들은 이제 부정할 수 없는 정사正史 『진서晉書』에 나오는 조선공朝鮮公과 험독險瀆의 기록을 어떻게 설명할 것인가.

4. 서지사항

『진서晉書』

『진서晉書』는 당唐나라 때 방현령房玄齡(579~648) 등이
편찬한 관찬官撰 사서史書로 총 130권이다. 사마의司馬懿
로부터 시작해서 진공제晉恭帝 원희元熙 2년까지 기재하
여 서진西晉과 동진東晉의 역사를 포괄하였고 아울러『재
기載記』의 형식을 빌어 십육국 할거정권의 흥망에 대해 서술
하였다.「제기帝紀」10권,「지志」20권,「열전列傳」70권,「재기
載記」30권으로 구성되어 있다.『진서晉書』의 편찬에 참여한
사람은 모두 스물한 명이고, 그 중에서 방현령房玄齡·저
수량褚遂良·허경종許敬宗이 감수監修를 담당하였다.

『진서晉書』는 25사史 중의 다른 사서史書와 비교할 때
두 가지 특징이 있다. 첫째는 편찬자編纂者가 많다는 점

을 들 수 있다. 『진서晉書』의 저작에 참여한 인원은 스물한 명인데 그들의 성명姓名을 하나하나 모두 기록하였다. 이것은 역대 황조皇朝의 수사修史 공작 과정 중에서 드물게 보는 일이다.

둘째는 체재體裁가 독창적獨創的인 점을 들 수 있다. 『진서晉書』에는 「재기載記」 30권이 실려 있다. 「재기載記」란 흉노匈奴・선비鮮卑・갈羯・저氐・강羌 등 이민족異民族의 통치자가 중원中原에 건립한 정권, 즉 십육국의 역사사실을 기술한 것인데, 『진서晉書』의 이러한 형식은 기전체紀傳體 사서史書의 체제상에 있어서 하나의 창조적인 형식이라 할 수 있다.

『진서晉書』는 「제기帝紀」・「지志」・「열전列傳」・「재기載記」 네 부문으로 구성되어 있다. 「제기帝紀」는 서진西晉과 동진東晉의 황제를 시대의 순서에 따라 배열하여 당시의 역사사실을 기록하였고, 「재기載記」는 이들 중원왕조 진晉나라와 대치한 십육국의 역사를 기록하였다.

「재기載記」의 체제는 『사기史記』 중의 「세가世家」와 그 성격이 약간 유사한 면이 있다고 할 수 있다. 그러나 「세가世家」는 제후국諸侯國의 역사를 기록하여 선진先秦시대 귀족사회와 국가 간의 긴밀한 관계를 반영하고 있다는 점에서 「재기載記」는 「세가世家」와도 구별된다.

『진서晉書』는 십육국에 대해 「세가世家」의 체제를 따르면서도 「재기載記」라는 이름을 썼다. 이는 「열전列傳」보다 높은 「재기載記」라는 형식으로 중원中原에 할거한 이민족 정권의 흥망의 시말을 기술하여 각 할거정권에 적당한 역사적 지위를 부여함으로써 중원왕조와 이민족 정권의 역사를 한 사서史書에 아울러 기술하는 데서 오는 난제를 비교적 잘 해결했다고 역대 사가史家들의 찬사를 받기도 한다.

또 「재기載記」 중에서 십육국 정권에 대해 단지 '참위僭僞'라고만 칭하고 '화이華夷'는 구분하지 않은 것은 당조唐朝 통치자의 화이일체華夷一體와 천하일가天下一家의 대일통사상大一統思想을 실현시킨 것이라고 높은 평가를 하기도 한다.

그러나 혹은 나라를 건국하여 왕이 되고 혹은 황제가 되어 연호를 사용하면서 수십 년 동안 중원을 지배하기도 한 십육국을 모두 「재기載記」라는 정체불명의 형식으로 서술하고, 그 배열순서 또한 「제기帝紀」의 다음이 아닌 「열전列傳」의 뒤에다 배열한 것은 화이일체華夷一體가 아니라 존화양이尊華攘夷의 정신을 은연중에 드러낸 것이라 할 수 있다.

당시 동진東晉 왕조王朝는 이름만 황제일 뿐 중원의 실질
적인 지배자는 십육국이었다. 동이사東夷史의 관점에서
본다면 진晉의 「제기帝記」는 「재기載記」가 되고 십육국의
「재기載記」는 「제기帝記」가 되어야 마땅할 것이다. 『진서晉
書』가 최소한 진조晉朝의 「제기帝紀」 다음에 십육국의 「재
기載記」를 배열하는 아량을 보였어야 하는데 「열전列傳」
의 뒤에 「재기載記」를 배열한 것은 역사에 대한 공정하
지 못한 시각을 반영한 것이라 할 수 있다.

그리고 사료史料의 취사取捨가 엄정하지 못한 것을 『진서
晉書』의 결점으로 지적하는 시각도 있다. 유지기劉知幾는 『사
통史通』에서 "사료史料의 취사선택을 중요시하지 않고 단
지 문장文章의 화려함만 추구했다"라고 비판했고, 청清나
라 장증張曾은 『독사거정讀史舉正』에서 "『진서晉書』의 오
류는 450여 조항에 달한다"라고 지적했으며, 전대흔錢大
昕은 "『진서晉書』는 붓을 대는 곳마다 오류를 범했다"라
고 비평했다.

5. 조선공朝鮮公 사료 주석

1. 망평후望平侯 : 『전한서前漢書』 권28 「요동군遼東郡」 조항에
   따르면 망평望平은 요동군遼東郡의 열여덟 개 현縣 중의
   하나였다. 그 주注에는 "대요수大遼水가 요새 밖에서 나
   와 1,250리를 흘러 남쪽으로 안시安市에 이르러 바다로
   들어간다"라고 하였다. 『후한서後漢書』 권33 「요동군遼東
   郡」 조항에는 망평望平이 열한 개 성城 중의 하나로 되어
   있다. 『진서晉書』에는 망평현望平縣이 현도군玄菟郡의 소속
   으로 기록되어 있다. 동진東晉 건무建武 연간(317~318)
   에는 이 지역을 후작侯爵으로 높여 모용황慕容皝에게 봉
   한 것이다.

2. 조선공朝鮮公 : 태녕太寧 말에 모용황慕容皝을 조선공朝鮮公
   으로 봉했다는 기록은 『십육국춘추十六國春秋』 권24 「전
   연록前燕錄」 2 <모용황상慕容皝上>에도 나온다. 『전한서前

漢書』권28 하下「낙랑군樂浪郡」조항에 관할 현縣이 스물 다섯 개가 있는데 거기에 조선현朝鮮縣이 수현首縣으로 기재되어 있다.

『후한서後漢書』권33「낙랑군樂浪郡」조항에는 관할하는 성城이 열여덟 개가 있는데 조선朝鮮이 역시 맨 앞에 기록되어 있다.『전한서前漢書』에서는 낙랑군樂浪郡의 현縣이 스물다섯 개이던 것이『후한서後漢書』에서는 열여덟 개로 줄어든 것을 볼 때 그간에 한漢나라의 군현郡縣에 변화가 있었던 것을 알 수 있다. 그러나 전한前漢에서 후한後漢에 이르기까지 낙랑군樂浪郡의 수현首縣으로서 조선현朝鮮縣의 위치는 변함이 없었다.

『진서晉書』에는 요서군遼西郡은 북평군北平郡·상곡군上谷郡·대군代郡과 함께 유주幽州에 소속되어 있고 낙랑군樂浪郡은 창려군昌黎郡·요동국遼東國·현도군玄菟郡·대방군帶方郡과 함께 평주平州에 소속되어 있는데, 낙랑군樂浪郡이 관할하는 여섯 개 현縣 가운데 역시 조선朝鮮이 수현首縣으로 기록되어 있다. 뒤를 이어 둔유屯有·혼미渾彌·수성遂城·누방鏤方·사망駟望 등의 이름이 보이는데 수성현遂城縣의 아래에는 "진축장성지소기(秦築長城之所起)"라는 내용이 주기注記되어 있다. 이것은 진晉나라 때까지도 진장성秦長城이 시작되는 지역에 수성현遂城縣이 있고 또 그

인근 지역에 조선현朝鮮縣이 그대로 존속되어 있었음을 의미한다.

　모용황慕容皝은 동진東晉 건무建武 연간(317~318)에 이미 망평후望平侯에 봉해진바 있다. 그런데 그가 수차에 걸쳐서 군공軍功을 세우고 다시 태녕太寧 말년(325)에 승진되어 조선공朝鮮公으로 봉해졌다. 같은 현縣인데 망평현望平縣은 후侯로 봉해지고 조선현朝鮮縣은 공公으로 봉한 것을 볼 때 조선현朝鮮縣의 위상은 다른 현縣과 달랐던 것을 알 수 있다. 한무제漢武帝 때 설치된 낙랑군樂浪郡의 조선현朝鮮縣은 전한前漢·후한後漢·삼국三國을 거쳐서 위진魏晉시대까지 그대로 존속되었고 동진東晉시대에 이르러서는 선비鮮卑 모용황慕容皝의 봉지封地가 되기도 하였던 것이다.

3. 우문걸득귀宇文乞得龜 : 『위서魏書』와 『진서晉書』에는 우문걸득귀宇文乞得龜로 기재되어 있는데 『자치통감資治通鑑』에는 걸득귀乞得歸로 적혀 있다. 진대晉代 중국 북방의 우문부宇文部 선비鮮卑 수령首領이다. 325년에 후조后趙의 석륵石勒이 우문걸득귀宇文乞得龜에게 관직을 추가로 내리니 걸득귀乞得龜가 석륵石勒의 명령을 받고 출병出兵하여 모용외慕容廆를 공격하자 모용외慕容廆가 세자 모용황慕容皝을 파

견하여 탁발부拓跋部·단부段部와 함께 세 방면에서 공동으로 맞아 싸우게 했다.

　　모용외慕容廆는 배의裴嶷를 우익右翼, 모용인慕容仁을 좌익左翼으로 삼았는데 걸득귀乞得龜는 요수澆水(지금의 서랍목륜하西拉木倫河)를 근거지로 하여 수비하고 따로 조카 우문실발웅宇文悉拔雄을 파견하여 모용인慕容仁을 방어하게 했다. 모용인慕容仁은 실발웅悉拔雄을 공격하여 살해하고 여세를 몰아 모용황慕容皝과 함께 걸득귀乞得龜를 공격하여 그의 군대를 크게 격파하였다. 걸득귀乞得龜가 군대를 버리고 달아나자 모용황慕容皝과 모용인慕容仁이 그 나라의 성城에 진격해 들어가고 경병輕兵을 파견하여 걸득귀乞得龜를 추격하도록 했다. 이때 그 나라 안으로 300여 리쯤 들어가서 중요한 기물들을 노획하여 돌아왔는데 항복한 민중은 수만 명이었고 얻은 가축은 100만을 헤아렸다. 333년에 우문걸득귀宇文乞得龜가 동부대인東部大人 우문일두귀宇文逸豆歸로부터 축출당하여 외지에서 떠돌다가 사망했다. 『위서魏書』에는 일두귀逸豆歸가 걸득귀乞得龜를 살해하고 자립自立했다고 적혀 있다.

4. 일두귀逸豆歸 : 우문일두귀宇文逸豆歸로 동진東晉시기 중국 북방 선비족鮮卑族 우문부宇文部의 최후 수령首領이다. 재

위기간은 333년부터 344년 또는 345년까지로 추정한다. 333년에 동부대인東部大人의 신분으로 있던 일두귀逸豆歸가 그 수령 우문걸득귀宇文乞得龜를 축출하고 스스로 수령이 되었다. 『위서魏書』에서는 그에 대하여 "일두귀逸豆歸가 걸득귀乞得龜를 살해하고 자립自立했다"라고 적었다. 당시 모용황慕容皝이 출병出兵하여 그 죄를 성토하자 일두귀逸豆歸가 두려워하여 화친和親을 요청했다.

343년에 일두귀逸豆歸가 그 재상 막천혼莫淺渾에게 군대를 이끌고 전연前燕을 공격하도록 했다. 막천혼莫淺渾이 적賊을 얕잡아 보다가 대패하여 겨우 목숨만 건져 달아나고 나머지 군사들은 모두 포로가 되었다.

그 다음해 전연前燕이 일두귀逸豆歸를 공격하여 우문부宇文部의 도성都城을 함락시키니 일두귀逸豆歸가 북방의 사막지대로 도망쳐 사망했고 우문씨宇文氏정권은 이를 계기로 분산되어 멸망했다. 『위서魏書』에는 "일두귀逸豆歸가 멀리 북방 사막지대로 피신했다가 드디어 고구려高句麗로 달아났다"라고 적혀 있다. 일두귀逸豆歸가 재위할 당시에 후조後趙에 의지하여 그 비호를 받고 있었다. 전연前燕이 우문부宇文部를 공격할 때 후조後趙의 석호石虎가 군대를 동원하여 구원에 나섰으나 후조의 군대가 당도하기 전에 우문부宇文部는 이미 함락된 상태였다.

5. 단료段遼 : 단료段遼(?~339)는 『진서晉書』에는 단료段遼로 기재되어 있는데 『위서魏書』에는 단호료段護遼로 적혀 있다. 중국 십육국시기 단부段部 선비鮮卑의 수령首領으로 요서공遼西公이다. 단부段部 선비鮮卑의 초대 수령인 단일육권段日陸眷의 손자孫子이고 전임前任 수령인 단아段牙의 당형제堂兄弟이다.

325년 단아段牙가 천도遷都하는 일과 관련해서 부중部衆들의 불만을 야기시키자 단료段遼가 이것을 죄상으로 삼아 부중部衆을 인솔하고 진격하여 단아段牙를 살해하고 스스로 수령이 되었다. 단료段遼가 수령직을 계승한 후에 모용부慕容部 선비鮮卑와 여러 차례 작전을 벌였다.

337년에는 또 후조后趙의 변경을 수차에 걸쳐 침범했다. 원래 모용부慕容部의 수령이었다가 당시에는 이미 연왕燕王이라 칭하고 있던 전연前燕의 모용황慕容皝이 이로 인해서 후조後趙의 석호石虎와 다음해에 연합군을 형성하여 단부段部를 공격하기로 약정을 맺었다.

338년에 후연后燕과 후조后趙 두 나라의 협공을 받은 상황에서 단부段部 선비鮮卑의 요서공국遼西公國 정권은 전복되었고 단료段遼는 전연前燕에 투항하였다. 단료段遼가 투항한 후에 모용황慕容皝이 상빈上賓의 예禮로써 대우하였으나 뜻밖에 모반을 도모하다가 실패하여 피살

되고 그의 잘라진 머리는 후조后趙로 보내졌다.

6. 험독險瀆 :『전한서前漢書』권28 하下「요동군遼東郡」조항에 험독현險瀆縣이 열여덟 개 현縣 가운데 하나로 나와 있고 "응소왈應劭曰 조선왕만도야朝鮮王滿都也 의수험依水險 고왈험독故曰險瀆"이라는 말이 주기注記되어 있다.

　『후한서後漢書』권33에는 「요동속국遼東屬國」조항에 창료昌遼·빈도賓徒·도하徒河·무려無慮·방房과 함께 험독險瀆이 요동遼東의 여섯 개 속국屬國 중의 하나로 나와 있고 "사기왈史記曰 왕험王險 위만소도衛滿所都"라는 말이 주기注記되어 있다.

　『진서晉書』권109에는 "험독현險瀆縣이 서한西漢시대에는 요동군遼東郡에 속하고 동한東漢시대에는 요동속국遼東屬國에 속하고 북연北燕시대에는 요동국遼東國에 속했다"라고 기술하고 있다.

　오늘날 중국학계에서는 요녕성遼寧省 태안현台安縣 신개하진新開河鎮 이가요촌李家窯村의 주성자朱城子·손성자孫城子·백성자白城子 일대를 한대漢代 험독현險瀆縣 유지遺址로 비정하고 있다. 동서의 길이가 230미터, 남북의 길이가 250미터, 총 면적이 약 5만7천 평방킬로미터에 달하는 이 유적은 1957년 요녕성 고고대考古隊와 1982년 안산시鞍山市 연합문물보사대聯合文物普查隊의 고증을 거쳐 서한시기 험독현險瀆縣의 유적지로 판명되었다.

그러나 서한西漢시대에 설치한 요동군遼東郡과 북연北燕시대에 설치한 요동국遼東國은 그 위치가 서로 다르고 따라서 거기 소속된 험독險瀆이 또한 동일할 수가 없다. 서한西漢시대에 설치한 요동군遼東郡은 지금의 하북성 동북쪽에 있었고 북연北燕시대에 설치한 요동국遼東國은 지금의 요녕성 쪽에 있었다. 북연北燕시대 요동국遼東國의 험독險瀆은 서한西漢시대 위만衛滿의 수도 험독險瀆과는 명칭만 같을 뿐 지역은 같지 않다고 보아야 한다.

요녕성遼寧省 태안현台安縣은 요녕성遼寧省 중부, 요하遼河 삼각주三角洲의 심장부에 위치해 있다. 심양瀋陽·안산鞍山·영구營口·요양遼陽·반금盤錦·금주錦州 등 요동반도의 성시城市들이 태안현台安縣을 빙 둘러싸고 있다. 따라서 북연北燕시대 요동국遼東國 설립 당시에 태안현台安縣이 요동국遼東國의 심장부 역할을 하면서 험독險瀆으로 불렸을 수 있다. 그러나 이곳이 위만衛滿의 수도 험독險瀆은 아닌 것이다. 한漢나라의 요동군遼東郡은 오늘의 요하遼河 동쪽에 있었던 것이 아니라 전국시대 연燕나라 동쪽 즉 지금의 북경시 동북쪽에 있었기 때문이다.

7. 평곽平郭 : 『전한서前漢書』와 『후한서後漢書』에 모두 평곽
현平郭縣은 요동군遼東郡 관할 현縣으로 기록되어 있다. 동진
東晉 십육국시기의 전연前燕·전진前秦·후연后燕시대에는 평
곽현平郭縣이 평주平州에 소속되어 있었다.

중국학계에서는 고대의 평곽현平郭縣을 지금의 요녕
성 개주시盖州市로 보고 있다. 오늘의 개주시盖州市는 407
년 북연北燕이 건립된 뒤에는 고구려의 영토가 되었다.
이때 건안성建安城, 지금 청석령青石嶺의 고구려성高句麗城
이 축조되었고 건안현建安縣이 설치되었다. 당고종唐高宗
총장總章 원년(668)에 이르러 고구려의 건안성에 건안주
建安州 도독부都督府가 설치되었다.

금대金代에 개주盖州를 설치하고 청대清代 강희康熙 3년
(1664)에 개평현盖平縣을 설치했는데 개평盖平은 평곽현平
郭縣의 평平자와 개주盖州의 개盖자를 따서 붙여진 명칭이
라는 설이 있다.

8. 봉추封抽 : 발해渤海의 수脩 사람이다. 유주참군幽州參軍으로
있다가 모용외慕容廆가 발탁하여 장사長史로 삼았고 나중
에 동이교위東夷校尉로 옮겼다.

9. 을일乙逸 : 산동山東 평원平原 사람이다. 전연前燕에서 동이
   호군東夷護軍이 되었다. 함화咸和 8년(333) 모용황慕容皝이
   모용외慕容廆의 자리를 이었을 때 모용인慕容仁이 반기를
   들고 일어나 양평성襄平城을 공격하자 을일乙逸이 성城을
   버리고 달아났다. 나중에 현도태수玄菟太守·유주자사幽州
   刺史가 되었다.

   영화永和 8년(352)에 연왕燕王 모용준慕容儁이 황제皇帝
   를 칭하여 계薊로 천도할 때 용성龍城에 유태留台를 세워
   을일乙逸로써 상서尚書를 삼고 유공留公의 사무를 전담토
   록 하였다. 승평升平 원년(357)에는 불러서 좌광록대부左光
   祿大夫로 삼았는데 을일乙逸이 청렴한 관료생활을 하여 부
   부夫婦가 함께 녹거鹿車를 타고 계薊에 이르러 취임하였다.

10. 요좌遼左 : 요동遼東의 별칭別稱이다. 남조南朝 진陳나라 서
    릉徐陵의 「여왕승변서與王僧辯書」에는 "기관녕어요좌起管
    寧於遼左 추왕랑어절동追王朗於浙東"이라 기록되어 있다.

제5장
조선국
朝鮮國

요서遼西에 있던 조선국朝鮮國의 실체를 알려주는
결정적인 사료, 1500년 전 유신庾信이 쓴
두로공신도비문豆盧公神道碑文

중국 섬서성 함양 박물관에 보관되어 있는
모용 선비족 두로영은의 비

두로영은 비문 중의 조선국 기록 부분

1. 조선국朝鮮國 사료 역문

『유자산집庾子山集』 권14
「주농우총관장사周隴右總管長史 증태자소보贈太子少保
두로공신도비豆盧公神道碑」

주농우총관장사周隴右總管長史 증태자소보贈太子少保 두로
공신도비豆盧公神道碑1

군君의 휘諱는 영은永恩2이고 자字는 모某이며 『주서周書』
에는 말하기를, "두로녕豆盧寧3의 아우이다"라고 하였다. 창려昌
黎 도하徒河4 사람이다. 본성本姓은 모용慕容으로 연燕나라
문명제文明帝 황皝의 후예이다. 『주서周書』에는 말하기를, "그
선조의 본래 성은 모용씨慕容氏이고 남연南燕의 지서支庶이다"라
고 하였다. 『십육국춘추十六國春秋5』 「전연록前燕錄」에는 말하기를,
"모용황慕容皝의 자字는 원진元眞이고 모용외慕容廆의 둘째 아들이
다. 어렸을 적에 자字는 만년萬年인데 키가 7척尺 8촌寸이나 되었

다. 남자답고 씩씩하여 권략權略에 능했고 박학博學하여 재예材藝
가 많았다. 진晉나라 건무建武 원년元年(317)에 진무장군振武將軍이
되었고, 영창永昌(322~323) 초기에 좌현왕左賢王에 임명되었으며,
태녕太寧(323~326) 말기에 평북장군平北將軍·조선공朝鮮公에 임명
되었다. 함화咸和(326~334) 8년에 요동공遼東公의 위위位에 나아갔
고, 9년에 진晉나라에서 알자謁者를 파견하여 모용황慕容皝을 진
동대장군鎭東大將軍·평주자사平州刺史·대선우大單于에 임명하였다. 외
람되게 연왕燕王의 지위에 나아가자 진晉나라에서 홍로鴻臚[6] 곽침郭
忱을 사신으로 보내 절節을 가지고 모용황慕容皝을 시중侍中·대도
독大都督·하북제군사河北諸軍事·대장군大將軍·연왕燕王에 임명하였
다. 도읍을 용성龍城[7]으로 옮겼다. 그가 서거하자 시호를 문명文
明이라고 하니 왕자王子 준儁이 올린 존칭이다. 문명황제文明皇帝
를 추존追尊하였다"라고 하였다.

　　조선朝鮮은 미微 마땅히 기箕자로 써야 한다. 자子를 봉封
한 땅이고 고죽孤竹[8]은 백이伯夷의 나라이다. 「전연록前燕錄」
에 말하기를, "모용황慕容皝이 조선공朝鮮公에 임명되었다"라고 말
하고 또 말하기를, "요동공遼東公의 지위에 나아갔다"라고 하였
다. 고죽孤竹은 요遼의 땅이다. 『한서漢書』「지리지地理志」에는 말
하기를, "낙랑군樂浪郡 조선朝鮮"이라고 하였는데 응소應劭는 말하
기를, "옛 조선국朝鮮國이다. 무왕武王이 기자箕子를 조선朝鮮에 봉

하였다"라고 하였다. 또 「지리지地理志」에는 말하기를, "요서 영지遼西令支에 고죽국孤竹國이 있다"라고 하였는데 응소應邵는 말하기를, "옛 백이伯夷의 나라이다. 지금 고죽성孤竹城이 있다"라고 하였다.

한漢나라 때는 사성四城이 있었고 진秦나라 때는 일후一候가 되었다. 연燕을 말한다. 『한서漢書』「지리지地理志」에는 말하기를, "소제昭帝 원봉元鳳 원년(서기전 80)에 연국燕國을 고쳐서 광양군廣陽郡이라 하였고 선제宣帝 본시本始 원년(서기전 73)에 다시 국國으로 되어 계현薊縣·방성현方城縣·광양현廣陽縣·음향현陰鄉縣이 있었다"라고 하였으니 무릇 사성四城이다.

양웅揚雄의 「해조解嘲9」에는 말하기를, '서북일후西北一候'라고 하였는데 선선10은 말하기를, "후候는 원국遠國에서 내조來朝하는 빈빈賓을 사후伺候하는 것이다"라고 하였으니 역시 관官이다.

그 선조先祖가 성姓을 보존하고 씨氏를 받았으니(保姓受氏) 처음 유성柳城11을 보존한 공로이고 나라를 열고 가업을 계승하였으니(開國承家) 비로소 요양遼陽의 난亂을 조용하게 만든 것이었다. 「전연록前燕錄」에 말하기를, "옛적에 고신씨高辛氏가 해빈海濱에 노닐다가 소자少子 염월厭越12을 남겨두어 북이北夷에서 임금노릇하게 하니 요좌遼左에 살았다. 진한秦漢시대에는 흉노匈奴에게 패배한바 되어 선비산鮮卑山에 나뉘어 살았다. 그래서 다시 이름을 선비鮮卑라 하게 되었다. 막호발莫護跋[13]이 위魏나라 때는 여러 부족들을 인솔하고 요서遼西에 들어와 살았는데 사마선왕司馬宣王[14]을 따라 공손연公孫淵을 토벌하는데 공로가 있어 솔의왕率義王에 임명되었으며 비로소 극성棘城[15]의 북쪽에서 건국建國하였다. 연燕·대代[16]의 소년少年들이 보요관步搖冠[17]을 많이 쓰고 있는 것을 보고 마음속으로 몹시 좋아하여 드디어 머리칼을 걷어 올려 그 위에 관冠을 덮어 쓰니 여러 부족들이 그로 인해서 그를 보요步搖라고 불렀다. 그 뒤에 와전되어 그것이 드디어 모용慕容으로 되게 되었다. 목연木延[18]을 낳았는데 좌현왕左賢王이 되었다. 모구검母丘儉을 따라서 고구려高句麗를 정벌하는 데 공로가 있어 대도독大都督의 호칭을 추가하였다. 또 섭귀涉歸[19]가 유성柳城을 온전히 한 공훈으로써 선우單于에 승진 임명되었고 요동遼東으로 도읍을 옮겼다. 이에 점차 호풍胡風을 바꾸어 스스로 말하기를, '이의二儀[20]의 덕德을 사모하고 삼광三光[21]의 용容을 계승하여 드디어 모용慕容으로써 성姓을 삼았다'고 했다"라고 하였다.

『한서漢書』「지리지地理志」에는 말하기를, "유성柳城은 요서遼西에 속하고 요양遼陽은 요동遼東에 속한다"라고 하였다. "보성수씨保姓受氏"는 『좌전左傳』에 나오는 목숙穆叔[22]의 말이고 "개국승가開國承家"는 『주역周易』「사괘師卦[23]」상구上九의 효사爻辭이다.

……이에 명銘[24]을 붙인다.

조선朝鮮이 **건국**建國을 하고 고죽孤竹이 임금이 되었다. 땅은 고류高柳[25]라 호칭하고 산은 밀운密雲[26]이라 이름하였다. 요양遼陽은 조趙나라가 분열했고 무수武遂는 진秦나라가 분할했다. 조선朝鮮·고죽孤竹은 주注가 본서本序에 나와 있다. 『한서漢書』「지리지地理志」에 말하기를, "대군代郡 고류高柳는 서부도위西部都尉의 치소治所이다"라고 하였다. 『수서隋書』「지리지地理志」에는 말하기를, "안락군安樂郡 밀운현密雲縣은 후위後魏시대에 밀운군密雲郡을 설치했으며 백단白檀·요양遼陽·밀운密雲 삼현三縣을 관할했다"라고 하였다.

요양遼陽은 아마도 어양漁陽으로 보아야 할 듯하다. 『사기史記』「조세가趙世家」에 "도양왕悼襄王 9년에 조趙나라가 연燕나라를 공격하여 이양성貍陽城을 취했다"라고 했는데 『정의正義』에 말하기를, "연燕나라에는 이양貍陽이 없다. 아마도 '이貍'자는 오류인 듯하며 마땅히 어양漁陽으로 보아야 한다. 고성故城이 단주檀州 밀운현密雲縣 남쪽 18리에 있는데 연燕나라 어양군성漁陽郡城이다. 조趙나라가 동쪽으로는 경계가 영주瀛州에 이르니 단주檀州는 북쪽에 있었다. 조趙나라가 연燕나라를 공격하여 어양성漁陽城을 취한 것이다"라고 하였다. 「지리지地理志」에는 말하기를, "요양遼陽은 요동군遼東郡에 속한다"라고 하였다.

살피건대 무수武遂는 두 곳이 있었다. 하나는 한韓나라에 있었고 하나는 연燕나라에 있었다. 『사기史記』「한세가韓世家」에 "양왕襄王 6년에 진秦나라가 다시 우리에게 무수武遂를 주었고 9년에 진秦나라가 다시 우리 무수武遂를 취했으며 이왕釐王 6년에 무수武遂 200리를 진秦나라에 주었다"라고 하였다. 『정의正義』에는 말하기를, "위의 무수武遂와 이 무수武遂는 다 의양宜陽에서 가까운 곳에 있었다"라고 하였다.

또 「조세가趙世家」에는 "도양왕悼襄王 2년에 이목李牧을 장수로 하여 연燕나라를 공격하여 무수武遂와 방성方城을 함락시켰다"라고 하였는데 서광徐廣은 말하기를, "무수武遂는 안평安平에 속한다"라고 하였다. 『정의正義』에는 말하기를, "『괄지지括地志』에 '역주易州의 수성遂城이 전국戰國시대에는 무수성武遂城이었다'고 했다"라고 하였다. 『수지隋志』에는 말하기를, "상곡군上谷郡 수성遂城을 옛날에는 무수武遂라고 했다"라고 하였다.

이제 모용씨慕容氏가 본래 연국燕國에 도읍했다고 했으니 아마도 연燕나라의 무수성武遂城을 말한 것이며 한韓나라 무수武遂와는 다른 것이다. 전국시대에 연燕나라는 진秦나라에 의해 멸망했다. 그러므로 "무수武遂는 진秦나라에 의해 분할되었다"라고 말한 것이다.……

2. 조선국朝鮮國 사료 원문

集部/別集類/漢至五代/庾子山集/卷十四/周隴右總管長史贈太子少保豆盧公神道碑

周隴右總管長史贈太子少保豆盧公神道碑 君諱永恩
字某 周書云 豆盧寧之弟也 昌黎徒河人 本姓慕容 燕文明帝
皝之後也 周書云 其先本姓慕容氏 南燕之支庶也 十六國春秋
前燕錄曰 慕容皝 字元真 廆第二子 小字萬年 長七尺八寸 雄毅
善權略 博學多材藝 晉建武元年 振武將軍 永昌初 拜左賢王 太
寧末 拜平北將軍 朝鮮公 咸和八年 即遼東公位 九年晉遣謁者
拜皝鎭東大將軍 平州刺史 大單于 僭即燕王位 晉使鴻臚郭忱 持
節拜皝 侍中大都督 河北諸軍事 大將軍 燕王 遷都龍城 及薨 謚文
明 王子儁 稱尊 追尊曰 文明皇帝 朝鮮 微當作箕子之封 孤竹
伯夷之國 前燕錄曰 皝拜朝鮮公 又云 即遼東公位 孤竹遼地也
漢書地理志曰 樂浪郡 朝鮮 應劭曰 故朝鮮國也 武王封箕子於朝
鮮 又地理志云 遼西令支 有孤竹城 應劭曰 故伯夷國 今有孤竹
城 漢有四城 秦為一候 謂燕也 漢書地理志曰 昭帝元鳳元年

改燕國 為廣陽郡 宣帝本始元年 更為國 有薊縣 方城縣 廣陽縣
陰鄉縣 凡四城也 揚雄解嘲曰 西北一候 銑曰 候所以伺候遠國來
朝之賓 亦官也　其先保姓受氏 初存柳城之功 開國承家
始靜遼陽之亂 前燕録曰 昔高辛氏 遊於海濱 留少子厭越 以
君北夷 世居遼左 秦漢之際 為匈奴所敗 分保鮮卑山 因復以為號
莫護跋 魏率其諸部 入居遼西 從司馬宣王 討公孫淵有功 拜率義
王 始建國於棘城之北 見燕代少年 多冠步搖 符意甚好之 遂斂髮
襲冠 諸部因呼之為步搖 其後因訛 遂為慕容焉 生木延 左賢王
從母丘儉 征高麗有功 加號大都督 又涉歸 以全柳城之勳 進拜單
于 遷邑遼東 於是漸變胡風 自云慕二儀之德 繼三光之容 遂以慕
容為姓 漢書地理志曰 柳城屬遼西 遼陽屬遼東 保姓受氏 左傳穆
叔之辭 開國承家 易師卦上九爻辭也　……乃為銘曰 **朝鮮**

建國 孤竹為君 地稱高柳 山名密雲 遼陽趙裂 武遂秦

分 朝鮮孤竹 注見本序 漢書地理志曰 代郡高柳 西部都尉治 隋
書地志云 安樂郡 密雲縣 後魏置密雲郡 領白檀 遼陽 密雲 三縣
遼陽 疑作漁陽 史記 趙世家 悼襄王九年 趙攻燕 取貍陽城 正義
曰 燕無貍陽 疑貍字誤 當作漁陽 故城 在檀州 密雲縣南 十八里
燕漁陽郡城也 趙東界 至瀛州 則檀州在北 趙攻燕 取漁陽城也 地
理志云 遼陽屬遼東郡 按 武遂有二 其一在韓 其一在燕 史記韓世
家 襄王六年 秦復與我武遂 九年 秦復取我武遂 釐王六年 與秦武
遂二百里 正義曰 上武遂 及此武遂 皆宜陽近地 又趙世家 悼襄王
二年 李牧將攻燕 拔武遂方城 徐廣曰 武遂屬安平 正義曰 括地志
云 易州遂城 戰國時武遂城也 隋志云 上谷郡遂城 舊曰武遂 今云
慕容氏本都燕國 蓋謂燕武遂城 與韓為異也 戰國時 燕為秦所滅 故
云武遂秦分……

3. 사료적 가치

두로영은豆盧永恩의 비문碑文은 한국의 고조선사古朝鮮史 연구에 매우 중요한 의미를 갖는다. 다만 한 사람의 일생을 한정된 비면 안에 담아내기 위해 축약 기술되는 비문의 특성상 그 사료적 가치를 설명하기에 앞서 먼저 이 비문에 기재된 내용을 정확히 판독 검토할 필요가 있다.

비문의 체제는 대체적으로 앞면에서 먼저 비문 주인공의 행적을 전반적으로 서술하고 후반부에서 이를 다시 총괄 요약하여 명문銘文을 붙이는 형태로 구성된다.

그러면 아래에서 두로영은 비문의 서두序頭부터 설명해보기로 한다.

"군휘 영은 자모 창려 도하인 본성 모용 연문명제황지

후야君諱永恩 字某 昌黎徒河人 本姓慕容 燕文明帝皝之後也"

두로영은豆盧永恩의 원래 고향은 창려昌黎이고 본성本姓은 모용慕容이며 십육국十六國시대 전연前燕을 건국한 문명황제文明皇帝 모용황慕容皝의 후예라는 것을 말한 것으로서, 이 부분은 비문 주인의 행적을 기록하기에 앞서 먼저 그의 고향은 어디이고 조상이 누구인지 그 뿌리를 밝힌 것이다.

"조선 기자지봉 고죽 백이지국 한유사성 진위일후朝鮮箕子之封 孤竹 伯夷之國 漢有四城 秦爲一候"

이 부분에서는 모용황慕容皝이 나라를 세우고 도읍을 옮기면서 주요하게 활동한 무대는 요서遼西·요동遼東 지역이었고 이 지역에는 하夏나라·은殷나라·주周나라 춘추전국春秋戰國시대까지는 기자조선箕子朝鮮과 고죽국孤竹國이, 진秦나라 때는 일후一候가, 한漢나라 때는 한사군漢四郡이 있었다는 사실을 설명하고 있다.

청나라 예번倪璠의 "한유사성漢有四城"에 대한 주석에서는 한漢나라의 사성四城을 한무제漢武帝의 한사군漢四郡이 아닌 한선제漢宣帝의 계현薊縣·방성현方城縣·광양현廣陽縣·음향현陰鄕縣 사성四城으로 설명했다. 그러나 이것은 오류를 범한 것이다. "한유사성漢有四城"을 한선제漢宣帝가 설치한 사성四城으로 해석할 경우 이 문장은 위의 "조선 기자지봉朝鮮箕子之封"이라는 대목과 문맥이 전혀 연결되지 않는다. 조선朝鮮은 나중에 한사군漢四郡이 되었으므로 아래에 "한유사성漢有四城"은 위의 "조선 기자지봉朝鮮箕子之封"을 받아서 쓴 것이다.

  "기선 보성수씨 초존유성지공 개국승가 시정요양지란其先保姓受氏 初存柳城之功 開國承家 始靜遼陽之乱"

  선비산鮮卑山에 있던 모용황慕容皝의 고조부高祖父 막호발莫護跋이 부족을 이끌고 요서遼西에 들어와 살다가 공손연公孫淵을 토벌하는 데 공을 세워 솔의왕率義王에 임명되어 극성棘城, 즉 오늘의 요녕성遼寧省 조양시朝陽市 북쪽에서 개국開國을 하였고, 또 모용황慕容皝의 조부祖父 모용섭귀慕容涉歸는 유성柳城을 온전히 보전한 공로로 선우單于에 봉해지고 요동遼東으로 고을을 옮겼으며 모용慕容으로 성姓을 정하였다.

  그러니까 이 부분은 본래 선비족鮮卑族이었던 모용황慕容皝의 조상이 처음에 모용慕容으로 성姓을 정하고 요서

遼西에서 개국開國을 하고 요동遼東으로 도읍을 옮기기까지의 전 과정을 밝힌 것이다. 이 몇 마디 안 되는 짧은 문장으로 모용씨慕容氏의 파란만장한 긴 개국開國과정을 담아냈으니 작자 유신庾信은 역시 문장의 고수高手라고 할 만하다.

다음은 이 비문碑文의 뒤에 붙은 명문銘文에 대해 알아보기로 한다. 명문銘文은 다음과 같이 이어진다.

"조선건국 고죽위군 지칭고류 산명밀운 요양조열 무수진분朝鮮建國 孤竹為君 地稱高柳 山名密雲 遼陽趙裂 武遂秦分"

명문銘文은 비문碑文의 앞부분에서 서술한 내용을 간단히 축약하는 성격을 지니고 있다. 따라서 이 부분은 비문의 앞에서 서술한 "조선 기자지봉 고죽 백이지국 한유사성 진위일후 기선보성수씨 초존유성지공 개국승가 시정요양지란朝鮮箕子之封 孤竹伯夷之國 漢有四城 秦為一候 其先保姓受氏 初存柳城之功 開國承家 始靜遼陽之亂"의 내용을 요약 기술한 것이라 할 수 있다.

여기서 열거된 조선朝鮮·고죽孤竹·고류高柳·밀운密雲·요양遼陽·무수武遂는 모두 고대 동북방에 있던 지명들이다.

요서遼西에 있던 조선朝鮮과 고죽孤竹은 모용연慕容燕의 건국建國과 통치의 중심이 되었다. 그래서 그것은 "조선건국朝鮮建國 고죽위군孤竹爲君"으로 요약했다.

고류高柳는 옛 현의 명칭으로 지금 산서성山西省의 최북단 양고陽高에 있었고 밀운密雲은 산이름으로 지금 하북성河北省 북부에 있었다. 요양遼陽은 요동遼東에 속했고 무수武遂는 지금의 하북성河北省 서수현徐水縣에 있었다.

요양遼陽이 모용慕容 연燕의 동쪽 영토였다면 고류高柳는 모용慕容 연燕의 서쪽 경계였을 것이고 무수武遂는 그 남방 국경선이었을 것이다. 그리고 밀운산密雲山은 국내에서 손꼽히는 명산이었을 것이다. 그래서 그 영토의 범위를 "지칭고류地稱高柳 산명밀운山名密雲 요양조열遼陽趙裂 무수진분武遂秦分"으로 요약했다고 본다.

선비鮮卑 모용부慕容部는 극성棘城의 북쪽에서 건국을 하였고 그의 주요 활동 지역은 요서遼西와 요동遼東의 부분 지구, 그리고 하북성 서북과 남부 지역까지를 포괄했다. 이 지역은 바로 이른바 기자조선箕子朝鮮이 건국을 하고 고죽국孤竹國이 통치를 하고 한漢나라가 기자조선箕子朝鮮 이후의 위만조선衛滿朝鮮 지역을 관할하기 위해 낙랑樂浪·현도玄菟·진번眞番·임둔臨屯 사군四郡을 설치했던 곳이다. 명문銘文 첫머리의 스물네 글자는 비문碑文 앞부분의 서술에 맞추어 이러한 역사사실을 축약 설명한 내용이다.

그러면 여기서 "요양조열遼陽趙裂 무수진분武遂秦分"은 무엇을 의미하는가. 요양遼陽은 요동遼東에 있던 지명地名인데 조趙나라가 요양遼陽을 공격한 사실은 역사기록에는 없다. 그래서 예번倪璠은 주석에서 "요양遼陽은 어양漁陽의 오기誤記일 것이다"라고 말하였다.

그리고 중국역사상에 두 개의 무수武遂가 있었다.

"하나는 전국戰國시대 한국韓國 땅에 있던 무수武遂로서 지금의 산서성山西省 임분시臨汾市 서남쪽에 있었다. 일설에서는 산서성山西省 원곡현垣曲縣 동남쪽에 있었다고 주장하기도 한다. 서기전 290년에 한韓나라가 진秦나라에 패배하자 한韓나라가 무수武遂 땅 2백리를 분할하여 화의를 요청했다는 곳이 바로 이곳이다.

다른 하나는 전국戰國시대 연燕나라 땅이었다. 지금의 하북성河北省 서수현徐水縣 서쪽 수성遂城에 있었다. 서기전 243년에 조趙나라 장수 이목李牧이 연燕나라를 공격하여 무수武遂를 취했다는 곳이 바로 이곳이다".

이상은 1999년판 『사해辭海』에서 '무수武遂'에 대해 설명하고 있는 내용이다.

"요양조열遼陽趙裂 무수진분武遂秦分"을 글자 그대로 해석하면 "연燕나라 땅 요양遼陽은 조趙나라가 빼앗아가고 무수武遂는 진秦나라가 빼앗아갔다"라는 말이 된다.

여기서 조趙와 진秦은 전국戰國시대에 존재했던 국가이고 연燕은 십육국시대의 모용선비慕容鮮卑의 연燕을 가리키는 것이니 우선 시기적으로 맞지 않는다. 그렇다면 "요양遼陽은 조趙나라가 분열하고 무수武遂는 진秦나라가 분할했다"라는 것은 무엇을 의미하는 것일까.

두로영은豆盧永恩이 활동하던 서위西魏와 북주北周시대에는 선비鮮卑 모용부慕容部의 전성기는 지나가고 거의 쇠망기에 접어든 때였다. 그래서 옛날 전성기 때 모용부慕容部의 동방 영토였던 요양遼陽은 고구려高句麗가 차지하고 서방영토였던 무수武遂 역시 다른 민족에게 빼앗긴 상태였다.

여기서 느끼는 안타까운 심정을 전고典故의 활용에 능했던 작가 유신庾信이 "화용구전化用舊典"의 솜씨를 발휘하여 그것을 과거 조趙나라와 진秦나라로 대치시켜 이런 식으로 표현했던 것이라고 하겠다.

그렇다면 이제 이 사료는 한국의 고대사와 관련해서 어떤 가치를 갖는 것인지 설명해 보기로 한다.

첫째 그동안 우리는 고조선의 발상지를 북한의 평양으로 간주하거나 한사군의 낙랑군을 대동강 유역으로 보는 식민적 사관에 대하여 그것이 옳지 않다는 사실을 뻔히 알면서도 이를 반박하여 뒤집을 만한 결정적인 직접 자료가 없었다. 그렇기 때문에 기존의 이론이 국사 교과서에 그대로 실려 아직까지도 그것이 정통사학으로서 인정받고 있는 실정이다.

그러나 이 자료는 십육국十六國시기 요서遼西 조양朝陽에서 전연前燕을 건국建國한 모용황慕容皝의 행적을 설명하면서 "조선朝鮮이 일찍이 그곳에서 건국建國했었다"라고 말했다. 그리고 그가 건국建國했던 조양朝陽이 본래 기자조선箕子朝鮮땅이었을 뿐만 아니라 그 지역이 곧 한사군漢四郡이기도 하였다는 점을 분명하게 지적하고 있다.

고조선과 관련해서 그것의 역사적 실재를 인정하고 그 출발을 요서遼西 지역으로 인정할 만한 여러 가지 자료들이 있다. 예를 들어 『후한서後漢書』에는 "기자箕子가 조선朝鮮으로 갔다(箕子去之朝鮮)"라는 기록이 나온다. 만일 기자箕子 이전에 조선朝鮮이 존재하지 않았다면 어떻게 기자箕子가 조선朝鮮으로 갔다고 말할 수 있겠는가. 이는 기자조선箕子朝鮮 이전에 이미 고조선古朝鮮이 실재했다는 사실을 간접적으로 설명해 준다고 하겠다.

그리고 『산해경山海經』의, "조선朝鮮은 열양列陽의 동쪽에 있다. 발해의 북쪽이고 갈석산의 남쪽이다. 열양列陽은 연燕에 속한다(朝鮮在列陽東 海北山南 列陽屬燕)"라는 이런 기록들은 그 내용을 분석해 보면 고조선古朝鮮이 요서遼西에 있었다는 심증을 갖기에 충분하다.

그렇지만 그것은 어디까지나 간접적이고 심증적일 뿐이다. "요서遼西에 고조선古朝鮮이 있었다"라고 직접적으로 실증적으로 말한 것은 아니다. 그래서 그동안 식민사학에 오염이 된 국내의 소위 정통사학자들은 실증사학을 내세우고 이 핑계 저 핑계를 끌어다대며 이런 사료들을 무시하였고 평가 절하하는 데 급급하였다.

그러나 「두로공신도비문豆盧公神道碑文」의 경우는 차원이 다르다. 조양朝陽에 도읍을 정하고 요서遼西에서 건국建國한 전연前燕을 설명하면서 "조선朝鮮이 그 지역에서 건국했었다"라고 잘라 말했다. 이것은 고조선古朝鮮이 요서遼西에 있었다는 사실을 간접적이 아닌 직접적인 방식으로 언급한 것이며 고조선이 요서에 있었다는 사실을 심증적으로가 아니라 실증적으로 확인할 수 있게 해준 것이다.

이제 이 사료에 의거하면 고조선古朝鮮이 요서遼西에 있었다는 것은 더 이상 재론의 여지가 없는 너무나 명명백백한 사실인 것이다. 이러한 역사적 진실을 받아들이

지 않는다면 그것은 무지가 아니면 무모함을 스스로 드러내는 일이 될 것이다.

둘째 그동안 우리는 『삼국사기三國史記』와 『삼국유사三國遺事』를 현존 최고의 사서史書로 인정하며 이를 고대사古代史 연구의 표준으로 생각해 왔다.

그러나 김부식金富軾(1075~1151)의 『삼국사기三國史記』는 1145년(고려 인종 23년)에 편찬되었고 일연一然(1206~1289)의 『삼국유사三國遺事』는 13세기 80년대에 편찬되었다. 따라서 현존 최고의 사서史書로 인정되는 이 두 사료史料는 모두 그 연대를 따져 보면 800~900년을 초과하지 않는다. 더구나 이 두 사료 모두 처음에 간행된 고인본古印本은 이미 유실되어 전해지지 않고, 조선조朝鮮朝 중종中宗 7년(1512)에 간행된 중종임신본中宗壬申本 즉 정덕임신본正德壬申本만이 완전한 판본으로 전해진다.

그러나 「주농우총관장사周隴右總管長史 증태자소보贈太子少保 두로공신도비豆盧公神道碑」는 중국 남북조南北朝시대에 유신庾信(513~581)이 지은 것으로 북주北周 천화天和 원년(566)에 각자刻字되었다. 비문碑文은 당연히 566년이나 또는 그보다 조금 앞서서 지어졌을 것이므로 이 자료는 지금으로부터 대략 1,500년 전의 자료가 되는 셈이다.

그리고 또 이 자료는 금석문金石文으로서 566년에 새긴 그 비문이 가감 없이 그대로 현재까지 전해지고 있다는 점에서 사료적 가치는 배가 된다고 할 수 있다.

김부식金富軾이 『삼국사기三國史記』를 편찬할 때 우리나라와 중국의 여러 문헌과 금석자료金石資料 등을 참고하여 저술했다.

그리고 일연一然의 『삼국유사三國遺事』는 『삼국사기三國史記』에 빠졌거나 또는 빼버린 사료들을 수집하여 야사野史의 형식으로 편찬한 것으로 역시 우리나라와 중국의 많은 고적古籍과 금석문金石文 등이 인용되어 있다. 그런데 불행하게도 현존 최고의 사서로 쌍벽을 이루는 이 두 사료 가운데 두로공豆盧公의 비문碑文은 언급되고 있지 않다.

특히 『삼국유사三國遺事』는 「기이紀異」편에서 고조선古朝鮮의 역사를 다루고 있는데 그 건국과 관련된 내용이 너무 단편적이고 신화적이라고 하여 현재 국내 학계에서 실재역사로서 인정하기를 거부하고 있다. 그때 일연一然이 만일 『삼국유사三國遺事』에서 이런 두로공비문과 같은 사료를 포함시켰더라면 오늘날 고조선古朝鮮의 역사는 그 궤를 달리했을 것이다.

고조선古朝鮮의 발상지를 북한의 평양으로 보고 한사군漢四郡의 낙랑군樂浪郡을 대동강 유역으로 간주하는 그와 같은 치졸한 견해는 아예 학계에서 발을 붙이지 못했을 것이다. 그러나 안타깝기 그지없지만 두로공비문은 이제야 베일을 벗고 우리들 앞에 나타나 요서遼西에 있었던 고조선古朝鮮과 한사군漢四郡의 역사를 실증으로 설명해 주고 있다.

현재 『유자산집庾子山集』에 실려 있는 이 비문碑文의 원비석이 중국 함양시박물관咸陽市博物館에 보관되어 있다. 필자가 몇 년 전에 현장을 답사하여 박물관 건물 밖에 다른 비석들과 함께 진열되어 있는 것을 확인하였다. 비록 일부 파손된 채로 전해지지만 그래도 이 비문碑文이 모습을 드러낸 이상 이제 고조선사古朝鮮史 연구는 종래 식민사관적 형태에 종지부를 찍고 완전히 새롭게 시작되어야 할 것이다.

그런데 『함양비석咸陽碑石』이란 책에서 낸 통계에 의하면 『문원영화文苑英華』에 실린 비문碑文의 내용을 원래 비석碑石의 비문碑文과 대조했을 때 틀린 곳이 20여 곳이나 된다고 적혀 있다. 앞으로 한국의 사학계는 비문碑文의 탁본을 구해다가 본격적인 연구를 진행할 필요가 있을 것이다. 한국사 상에서 볼 때 광개토대왕비 못지 않게 중요한 의미와 가치를 지닌 것이 바로 이 두로영은비이다.

4. 서지사항

『유자산집庚子山集』

『유자산집庚子山集』은 중국 남북조南北朝시대 말기 북조 북주北周의 저명한 문인文人이었던 유신庚信의 시문집이다. 『북사北史』·『구당서舊唐書』·『신당서新唐書』·『군재독서지郡齋讀書志』·『송사宋史』 등에는 모두 20권 본本의 목록目錄이 기재되어 있고 『수서隋書』와 『국사경적지國史經籍志』에는 21권으로 기록되어 있다.

다만 원본은 이미 유실되고 지금 전하지 않는다. 현재까지 유전되는 것은 명청明淸 이후의 학자들에 의해 편각編刻된 것으로 모두 열네 종의 판본版本이 있다.

『사고전서四庫全書』에는 16권 본本이 실려 있다. 이 16권 본은 청나라 때 학자 예번倪璠이 주석을 낸 것이다.

예번의 자는 노옥魯玉이며 전당錢塘 사람이다. 강희康熙 을유년乙酉年에 과거에 합격하였으며 벼슬은 내각중서사인內閣中書舍人을 역임했다.

그러나 『사고전서四庫全書』의 『유자산집庾子山集』 <제요提要>에 따르면, "예번倪璠의 주석 상에 누락된 부분이 많아서 『사고전서四庫全書』를 편찬할 당시에 여러 역사서를 참고하여 「연보年譜」를 만들어 『문집文集』 앞에 싣고 또 널리 관련 자료를 수집하여 다시 주석을 냈다"라고 적혀 있다.

유신庾信(513~581)은 자는 자산子山으로 남양南陽 신야新野(지금 하남성河南省에 속함) 사람이다. 『주서周書』와 『북사北史』에 다 그에 관한 「전傳」이 실려 있다. 그는 남북조시대 말기 문화 대융합의 시대에 태어나 양梁나라·서위西魏·북주北周 세 나라를 거치면서 살았고 수隋나라가 건국되던 해에 서거하였다.

유신庾信의 생애는 전반부 자신의 조국祖國인 남조南朝 양梁나라에서 양원제梁元帝를 보좌하며 지낸 생애와 후반부 자신의 적국인 북조北朝 서위西魏에서 강제 억류되어 지낸 생애로 나뉜다.

유신庾信은 양梁나라의 관료로서 임금의 명을 받아 서위西魏에 사신으로 나갔는데 이 기간에 양梁나라가 서위西魏에 의해 멸망당하였다. 북조北朝에서는 남방문학南方文學을 경모傾慕했고 유신庾信은 또 남방문학의 대표적인 작가로서 그 이름이 널리 알려져 있었으므로 그를 강박하는 한편 정중하게 예우함으로써 북방北方에 머물러 있도록 하였다.

그 뒤 그는 서위西魏에 체류하면서 거기대장군車騎大將軍·개부의동삼사開府儀同三司와 같은 높은 관직을 역임하였고 북주北周에 의해 서위西魏의 정권이 교체된 뒤에는 다시 북주北周에서 표기대장군驃騎大將軍·개부의동삼사開府儀同三司를 역임하고 후侯에 봉해졌다.

그 당시 남조南朝 진陳나라는 북주北周와 서로 대립적인 관계에 있었지만 양자 간의 사이는 그리 나쁜 편은 아니었다. 그래서 북주北周에 강제로 억류되어 있던 인사人士들에 대하여 남조南朝인 고국으로의 귀국을 허락했다. 그러나 뛰어난 문장가를 놓치고 싶지 않았던 북조北朝는 유신庾信에 대해서만은 그것을 허락하지 않았다. 따라서 유신庾信은 문단文壇의 종사宗師로서 존경을 한 몸에 받고 극도의 영화를 누리면서도 마음 한구석에는 언제나 고국을 그리는 간절한 생각에 원한과 분노가 쌓여 있을 수밖에 없었다.

유신庾信의 문학창작은 42세 때 그가 서위西魏에 출사出使할 당시를 기점으로 하여 양梁나라에 있을 때의 경쾌하고 자유분방하고 사채辭采의 아름다움을 추구하던 형태에서 창경蒼勁하고 비량悲凉한 풍격風格으로 변화를 일으키게 된 것도 그가 처한 이와 같은 불운한 상황과 밀접하게 관련되어 있었다고 할 것이다.

그의 문학작품에서 또 하나 특징적으로 꼽을 수 있는 것은 역사적 전고典故를 널리 사용함으로써 자기가 조우한 처지와 심정을 직설보다는 비유법을 통해 전달하여 서술효과를 극대화하였다는 사실이다.

『애강남부哀江南賦』는 유신庾信의 대표작에 속한다. 그런데 정문正文과 서序에서 모두 역시 대량大量의 전고典故를 사용하였다. 유신庾信이 문장에서 전고典故를 적절히 잘 활용함으로써 그의 문장은 중후한 풍격을 형성하게 된다.
이는 그의 박학다식을 나타내줌과 동시에 전고典故를

포함한 간단한 글귀 하나가 무한한 역사적 상상력을 동원시키기도 한다는 점에서 분명 긍정적인 요소가 강하다. 그러나 이로 인해서 문장이 쉽게 읽히지 않고 한편 생경生硬한 곳도 종종 발생한다는 결함이 있는 것도 사실이다.

그러나 어쨌든 그는 남북조문학南北朝文學의 집대성자임에 틀림없다. 유신庾信의 시詩에 대한 사평史評은 '기염綺艷'이었다. 두보杜甫는 그의 문장을 '청신淸新' '노성老成'하다고 칭찬했다. 기염綺艷·청신淸新·노성老成 이 여섯 글자는 한 사람의 시인이 겸하여 갖추기가 어렵다. 그런데 유신庾信이 그것을 갖추었던 것이다.

당나라 초기의 왕발王勃·낙빈왕駱賓王 같은 유명한 문장가들이 유신庾信의 영향을 받았고 그 이후에 정형화定型化된 '사육문四六文' 또한 그의 변문駢文에서 영향을 받은 바 크다.

그는 양梁나라에서 남조문학南朝文學의 전성시대를 살면서 매우 높은 문학소양을 쌓았고 또 북방北方에 와서 북방문화의 여러 가지 인소들을 접수하며 자기의 독특한 풍격을 형성시킴으로써 남북조문학의 집대성자로서 자리매김할 수 있었다고 하겠다.

　『북사北史』「유신전庾信傳」에 나오는 "군공비지群公碑志
다상탁언多相托焉"이라는 기재를 통해서 볼 때 그는 당시
북조北朝의 대표적인 문학가로서 군공群公들의 많은 비
문碑文을 맡아서 지었으며 두로공신도비豆盧公神道碑도 그
중의 하나였던 것이다.

5. 조선국朝鮮國 사료 주석

1. 주농우총관장사周隴右總管長史 증태자소보贈太子少保 두로공
   신도비豆盧公神道碑 : 중국 남북조南北朝시대에 북주北周에서
   농우총관부장사隴右總管府長史를 역임하고 태자소보太子少
   保에 증직贈職된 두로영은공豆盧永恩公의 신도비神道碑이다.
   이 비碑의 주인공인 두로영은豆盧永恩 두로은豆盧恩으로
   도 불린다. 그래서 이 비碑는 또 두로은비豆盧恩碑·모용은
   비慕容恩碑·소보두로은비少保豆盧恩碑로 일컬어지기도 한다.

   전복보田福寶 선생이 고증考證한 바에 따르면, 이 비碑
   는 북주北周 천화天和 원년(566) 2월에 각자하여 세운 것
   으로 되어 있다. 비碑는 원래 두로영은豆盧永恩 묘소 앞에
   있었는데 뒤에 함양咸陽의 문왕묘文王廟로 옮겨졌고 청淸
   나라 건륭乾隆 연간에 비碑가 없어졌다고 한다. 1931년에
   간행된 『함양현지咸陽縣誌』에 의거하면, "두로영은豆盧永恩

의 묘비墓碑는 예서隸書로 쓰고 유신庾信이 지었는데, 뒤에 땅에 파묻혔다가 중화민국中華民國 8년에 문릉文陵 곁에서 발굴되었다. 고을의 유지인 오응륭吳應隆이 건설국建設局으로 옮겼다"라고 기록되어 있다. 이 비碑는 현재 함양박물관咸陽博物館에 보관되어 있는데 비碑의 머리 부분과 좌대는 모두 없어졌고 비신碑身은 상반부가 끊어져서 없어진 상태이다. 높이는 192센티미터, 넓이는 103~112센티미터, 두께는 28센티미터이다.

정문正文은 예서隸書 26행을 음각陰刻하였고 1행은 51자字이다. 앞부분의 8행까지는 글자가 그런대로 또렷하고 9행부터 12행까지 하반부 글자는 역시 보존상태가 그래도 좋은 편이다. 그 나머지는 대부분 글자체가 마모되어 식별하기가 어려운 실정이다.

이 비문碑文은 『유자산집庾子山集』·『문원영화文苑英華』 그리고 명明나라 조함趙崡의 『석묵전화石墨鐫華』, 명明나라 우혁정于奕正의 『천하금석지天下金石志』, 청淸나라 손성연孫星衍·형주邢澍의 『환우방비록寰宇訪碑錄』, 엄장명嚴長明의 『서안부지西安府志』 및 섭창치葉昌熾의 『어석語石』, 장언생張彥生의 『선본비첩록善本碑帖錄』 등에도 실려 있다.

두로영은豆盧永恩 비문碑文이 이처럼 여러 자료에 기재되어 있는 까닭은 비문碑文과 서법書法이 모두 정묘精妙하여 문인文人과 서법가書法家들의 애호를 받아왔기 때문이다.

2. 영은永恩 : 두로영은豆盧永恩에 관한 사적은 『주서周書』 및 『북사北史』의 「두로녕전豆盧寧傳」 뒤에 비교적 상세히 기술되어 있어 비문碑文 중의 내용과 참조하면 그가 역임한 관직과 그가 겪은 사건들을 좀 더 구체적으로 이해하는 데 큰 도움이 된다.

영은永恩은 생전에 서위西魏와 북주北周의 양조兩朝 중신重臣으로 높은 관직을 역임하면서 화려한 일생을 보냈다. 『북사北史』와 『주서周書』에 실린 그의 행적을 인용하면 다음과 같다. "영은永恩은 어려서부터 지식과 도량이 남달라서 당시 같은 무리들의 칭송을 받았다. 처음에는 형 두로녕豆盧寧을 따라 후막진열侯莫陳悅을 섬기다가 나중에는 두로녕豆盧寧과 함께 태조太祖에게 귀의하였으며 진구장군殄寇將軍을 제수받았다. 위효무제魏孝武帝를 영입한 공로로 신흥현백新興縣伯에 봉해졌고 읍邑 500호를 하사했다. 여러 차례 정토征討가 있을 적마다 공로가 있어 용양장군龍驤將軍·중산대부中散大夫에 임명되었다.

대통大統 8년(542)에 직침直寢·우친신도독右親信都督에 제수되었고 얼마 후 도독통직산기상시都督通直散騎常侍로 옮겼다. 16년(550)에는 사지절使持節·거기대장군車騎大將軍·

의동삼사儀同三司에 임명되었다. 서위西魏 폐제廢帝 원년(552)에는 표기대장군驃騎大將軍·개부의동삼사開府儀同三司에 승진되었고 2년(553)에는 성주자사成州刺史가 되었다.

위魏나라 공제恭帝 원년(554)에는 용지현후龍支縣侯로 진작進爵되었고 3년(556)에는 대장군大將軍 안정공安政公 사녕史寧이 돌궐가한突厥可汗을 따라 토곡혼吐谷渾으로 들어가면서 영은永恩으로 하여금 기병騎兵 5,000명을 인솔하고 하주河州·선주鄯州를 진수鎭守하면서 변경방위를 담당하도록 하였다.

주周나라 효민제孝閔帝 원년(557)에 선주자사鄯州刺史에 제수되었고 옥야현공沃野縣公으로 바꾸어서 봉하였으며 읍邑 1,000호를 증가하였다. 얼마 후에 농우총관부장사隴右總管府長史로 자리를 옮겼다. 무성武成 원년(559)에 도독이사문삼주제군사都督利沙文三州諸軍事·이주자사利州刺史로 다시 자리를 옮겼다. 그때 문주만文州蠻이 반란을 일으키자 영은永恩이 군대를 이끌고 가서 격파했다.

보정保定 원년(561)에는 조정에 들어가서 사회중대부司會中大夫가 되었고 2년(562)에는 다시 외직으로 나가서 농우총관부장사隴右總管府長史가 되었다. 형 두로녕豆盧寧이 좌명원훈佐命元勳으로 초국공楚國公에 봉해지면서 먼저 자신에게 봉했던 무양군武陽郡 3,000호로써 옥야沃野(두로영은(豆盧永恩)의 봉읍封邑에 추가해 줄 것을 요청하자 조서詔書를 내려 허락하였다. 이전의 봉읍까지 합쳐 봉읍은 모두 4,500호로 증가되었다. 얼마 뒤에 서거하니 향년 48세였다. 소보少保, 유기幽冀 등 오주제군사五州諸軍事·유주자사幽州刺史를 증직하였다. 시호는 경敬이라고 하였다.

3. 두로녕豆盧寧 : 비문碑文의 주인主人인 두로영은豆盧永恩의 양형養兄이다. 서위西魏와 북주北周의 중신重臣으로 표기대장군驃騎大將軍·개부의동삼사開府儀同三司·상서우복야尚書右僕射·대사구大司寇 등을 역임했고 무양군공武陽郡公에 봉해졌다가 나중에 다시 초국공楚國公에 봉해졌으며 식읍食邑은 만호萬戶였다. 향년 66세로 서거했으며 태보太保·동부同鄜 등 십주제군사十州諸軍事·동주자사同州刺史에 추증追贈되었다. 시호는 소昭이다. 두로녕豆盧寧은 소생이 없었고 두로영은豆盧永恩의 아들 적적績을 아들로 삼았다.

원래 모용씨慕容氏가 두로씨豆盧氏로 성姓을 개정하게 된 배경은, 두로영은豆盧永恩의 비문碑文에는 "상서부군尚書府君이 성姓을 두로豆盧로 고쳤다"라고만 되어 있고 사성賜姓의 구체적인 내용은 기재되어 있지 않다. 그런데『북사北史』「두로녕전豆盧寧傳」가운데는 그 사실을 다음과 같이 기록하고 있다. "그 선조의 본래 성姓은 모용慕容으로 연북지왕燕北地王 정정의 후예이다. 고조高祖 승승이 황시皇始(북위北魏 도무제道武帝 탁발규拓拔珪의 연호, 396~398) 초기에 북위北魏에 귀속되자 장락군수長樂郡守를 제수하고 두로씨豆盧氏로 성姓을 하사하였다. 혹자는 말하기를 '북인北人은 귀의歸義하는 것을 두로豆盧라고 한다. 그래서 씨氏로 삼은 것이다'라고 하였다. 또 '피난避難하느라 고쳤다'라고 말하기도 한다. 어느 말이 옳은지는 알 수 없다."

4. 도하徒河 : 도하徒河는 현縣의 명칭으로 한漢나라 때는 요서군遼西郡에 설치되어 있었다. 『한서漢書』 「지리지하地理志下」에 "요서군遼西郡에 관할 현縣이 열네 개가 있는데 그 중의 하나가 도하徒河이다(遼西郡 縣十四 徒河)"라고 하였다.

『독사방여기요讀史方輿紀要』 「직예만전도지휘사사直隷萬全都指揮使司 부현대녕위附見大寧衛」 조항에는 "도하성徒河城은 영주營州 동쪽 190리에 있다. 한漢나라 때는 현縣으로 요서군遼西郡에 소속되었고 후한後漢 때는 요동속국遼東屬國에 소속되었으며 위魏나라 때는 창려昌黎에 편입시켰다(徒河城 在營州東百九十里 漢縣 屬遼西郡 後漢 屬遼東屬國 魏省入昌黎)"라고 기록되어 있다.

동한東漢시기 안제安帝 영초永初 원년(107)에 요서군遼西郡에서 창려昌黎·빈도賓徒·도하徒河 3현縣을 분할하고 요동군遼東郡에서 무려无慮·방현房縣·험독險瀆 3현縣을 분할하여 요동속국遼東屬國을 설치하고 창려昌黎에 속국도위屬國都尉를 배치했는데 그 목적은 반란을 거듭하는 오환족烏桓族을 안무安撫하기 위한 것이었다.

한漢나라 영제靈帝 중평中平 6년(189)에는 권신權臣 동탁董卓이 공손도公孫度를 요동태수遼東太守에 임명했고 그 후 요동遼東은 공손씨公孫氏의 할거割據 지역이 되었다. 『요동지遼東志』에 "요遼는 멀다는 뜻이다. 구주九州의 동쪽에 있기 때문에 요동遼東이라고 하였다. 또 요서遼西를 포함한다(遼遠也, 以其在九州之東, 故名遼東, 又兼遼西也)"라고 기록하고 있다. 이런 것을 본다면 이때의 요동遼東은 오늘날 요녕성遼寧省에 있는 요하遼河의 동쪽을 말하는 것이 아니라 멀리 구주九州의 동쪽에 있다는 의미로 쓰인 것으로서 거기에는 요서遼西도 포함되어 있는 개념이라는 것을 알 수 있다.

중국 학계에서는 도하현徒河縣을 현재 요녕성遼寧省 서쪽 호로도시葫蘆島市 경내에 위치했던 것으로 본다. 치소治所는 지금의 연산구連山區 태집둔台集屯이었고 서쪽으로는 지금의 흥성興城 동부, 동쪽으로는 금주錦州 일대, 남쪽으로는 해빈海濱 지역까지가 도하현徒河縣의 관할 경계였다고 여긴다.

도하현徒河縣은 위魏나라 때는 유주幽州 창려군昌黎郡에 소속되었고 서진西晉시대에는 평주平州 창려군昌黎郡에 소속되었다. 동진東晉시기에는 기본상 선비족鮮卑族에 의해 분할되었고 그 통치의 중심은 용성龍城 즉 조양朝陽에 있었다. 여기서 두로영은豆盧永恩을 창려昌黎 도하인徒河人이라고 말한 것은 바로 위진魏晉시대에 도하현徒河縣이 창려군昌黎郡 소속이었기 때문이다.

비문碑文 이외에 『주서周書』 권19 「두로녕전豆盧寧傳」, 『수서隋書』 권39 「두로적전豆盧勣傳」에도 모두 "창려昌黎 도하인徒河人"으로 기록되어 있다. 두로씨豆盧氏는 본래 모용외慕容廆의 후예인데 『위서魏書』 권95 「모용외전慕容廆傳」에 "모용씨慕容氏는 도하인徒河人이고 본래는 창려昌黎에서 나왔다"라고 하였다. 『독사방여기요讀史方輿紀要』 권18의 기록에 의하면 "연燕나라의 창려현昌黎縣이 바로 열하熱河의 조양현朝陽縣이다"라고 말하였다.

5. 『십육국춘추十六國春秋』: 이 책은 십육국十六國(304~439)의 역사를 기재한 기전체紀傳體 사서史書이다. 저자는 북위北魏시대의 최홍崔鴻(478~522)으로 청하현淸河縣(지금 산동성山東省 임청시臨淸市 동쪽) 사람이다. 서진西晉이 멸망한 이후에 중원中原 지역에는 흉노족匈奴族·갈족羯族·선비족

鮮卑族·저족氏族·강족羌族 등이 건립한 정권이 출현하였는데 역사상에서 이들을 총칭하여 십육국十六國이라고 하였다.

이러한 정권들은 각자 자신들의 사서史書를 가지고 있었지만 체제가 일정하지 않았고 기록 내용 상에서도 또한 차이가 비교적 컸다. 그래서 최홍崔鴻이 옛 기록에 근거하여 이를 종합해서 하나로 묶는 작업을 하여 100권으로 편찬하고 거기에 또「서례序例」1권과「연표年表」1권을 덧붙여 총 102권으로 편성했다.

이 책의 역사상에 있어서의 지위는 매우 높다. 뒤에 위수魏收에 의해서 편찬된『위서魏書』나 당唐나라시대에 편찬된『진서晉書』는 모두 이 책을 중요한 참고자료로 활용하였다. 다만 북송北宋시기에 이르러 이미 대부분 유실되고 단지 20여 권만 남게 되었다. 사마광司馬光이『자치통감資治通鑑』을 편찬할 때 이 책을 인용하고 있으나 이미 그것은 전모가 아니었다.

현재 이 책은 세 종류의 부동한 판본이 전해진다. 제1종은 명나라시대에 도개손屠介孫·항림項琳이 편찬한 100권 본이다. 형식상은 최홍崔鴻의 저술로 되어 있지만 사실은『진서晉書』·「재기載記」·『자치통감資治通鑑』·『예문류

취藝文類聚』·『태평어람太平御覽』 등에서 십육국十六國의 역사사실과 관련된 자료들을 보충하여 완성한 것이다. 제2종은 『한위총서漢魏叢書』 중에 보존된 16권 본으로 십육국마다 각각 하나의 기록이 있다. 이것은 명나라 때 사람이 『진서晉書』 「재기載記」에 근거하여 편찬한 것이다. 제3종은 청清나라 때 탕구湯球가 편찬한 『십육국춘추집보十六國春秋輯補』이다. 이 책은 위에 기술한 『십육국춘추十六國春秋』를 저본底本으로 삼아 다시 각종 서적들 가운데 인용되어 있는 빠진 글들을 보충한 것이다. 이는 모두 현재 십육국의 역사를 연구하는 데 있어 중요한 자료들이다.

6. 홍로鴻臚 : 관명官名이다. 진秦나라와 한漢나라 초기에는 전객典客으로 부르다가 한漢나라 무제武帝 태초太初 연간에 홍로鴻臚로 명칭을 개정했다. 주周나라 때 대행인大行人이라는 관직이 있었는데 이와 유사한 관직으로 볼 수 있다. 홍鴻은 성聲, 노臚는 전傳으로 소리를 전달한다는 뜻이 담겨 있다. 『통전通典』 「직관職官」 <제경중홍로경諸卿中鴻臚卿>에는 "周官大行人 掌大賓客之禮 秦官有典客 掌諸侯及歸義蠻夷 漢改為鴻臚"라고 기록되어 있다.

후한後漢시대에는 대홍로경大鴻臚卿을 두어 제왕諸王이

입조入朝하거나 제후諸侯나 제후의 사자嗣子를 임명하거나
또는 사방四方의 이적夷狄을 봉하거나 왕王이 죽어 조문하
는 등의 일이 있을 때 그와 관련된 예의를 담당하도록
하였는데 위진魏晉시대에도 그 제도는 그대로 유지되었
다. 북제北齊시대에 이르러 홍로시鴻臚寺로 명칭이 바뀌었
고 역대 왕조에서 그대로 계속되다가 청나라 말엽에 이
르러 비로소 폐지되었다.

7. 용성龍城 : 『진서晉書』와 『십육국춘추집보十六國春秋輯補』에
   의하면 "진함강晉咸康 7년(341)에 연왕燕王 모용황慕容皝이
   유성柳城의 북쪽, 용산龍山의 서쪽이 이른바 복덕지지福德
   之地라고 하여 용성龍城을 신축하게 하고 궁실宮室과 종묘
   宗廟를 세운 다음 유성柳城을 개정하여 용성현龍城縣으로
   삼았다"라는 기록이 나온다. 그리고 그 다음해 즉 함강
   咸康 8년(342)에 모용황慕容皝은 도성都城을 극성棘城에서
   용성龍城으로 옮겨 왔다. 이때의 용성龍城은 지금의 요녕
   성遼寧省 조양朝陽으로 비정된다.

8. 고죽孤竹 : 은왕조殷王朝 초기(약 서기전 1,600여 년)에 건
   립된 고죽국孤竹國을 말한다. 수도首都는 지금의 하북성
   노룡현盧龍縣에 있었다. 은殷나라가 망한 후 수양산首陽山
   에 들어가 고사리를 캐먹고 살다가 죽은 백이伯夷·숙제

叔齊가 바로 이 나라의 왕자였다.

고죽국孤竹國의 건국시기에 관해서는『사기史記』「백이열전伯夷列傳」<색은索隱>에 다음과 같이 기록되어 있다. "孤竹君 是殷湯三月丙寅日 所封" 은허殷墟의 갑골복사甲骨卜辭 중에서는 '죽후竹侯'라고 칭하고 있는데 시기를 따져 보면 상탕商湯이 상商나라를 건립한 초기에 해당한다.

갑골복사甲骨卜辭 중에는 죽씨竹氏와 관련된 기록이 40여 조항이 있고, 지금 하북성 노룡盧龍·천안遷安 일대와 요녕성 서부에서 출토되는 은대殷代 청동기靑銅器 상에는 어떤 것은 '고죽孤竹' 명문銘文이 새겨져 있다. 그리고 고죽국孤竹國에 관한 기록은『관자管子』·『국어國語』·『한비자韓非子』 등 여러 문헌상에도 나타난다. 대체적으로 말한다면 고죽국孤竹國은 은상殷商시대에 흥기하고 서주西周시대에 쇠퇴하고 춘추春秋시대에 멸망했다고 할 수 있다. 건국으로부터 멸망에 이르기까지 존재한 기간은 대략 940년(서기전 1600~서기전 660) 가량 되는데 이를 전후 두 시기로 나누어 볼 수 있다.

전반부의 554년(약 서기전 1600~서기전 1046) 동안은 상商나라에서 북방北方의 주요 제후국諸侯國으로 존재한 기간이고, 후반부 386년(서기전 1046~서기전 660) 동안은 주조周朝의 이성異姓 제후국諸侯國으로 존재한 기간이다. 고죽국孤竹國은 은왕조殷王朝와의 관계가 특별히 밀접했는데 그 원인은 다음과 같이 세 가지로 분석해 볼 수 있다. 첫째, 고죽국孤竹國의 임금 묵태씨墨胎氏는 은왕殷王과 동성同姓인 자성子姓이었고 같은 동북이東北夷의 한 갈래였다. 둘째, 상호 인척관계가 있었다. 셋째, 변경의 안정을 위해 상호 긴밀한 유대관계가 필요했다.

9. 해조解嘲 : 한漢나라 때 양웅揚雄이 쓴 문장의 편명篇名이다. 양梁나라 소명태자昭明太子 소통蕭統이 편찬한 『문선文選』에 그 문장이 실려 있다. 양웅揚雄은 「해조편解嘲篇」 <서문序文>에서 다음과 같이 썼다.

"애제哀帝 때 정전丁傳 동현董賢이 용사用事하여 거기에 붙어서 아부하는 자들이 가문을 일으켜 이천석二千石에 이르렀다. 그때 양웅揚雄은 바야흐로 『태현경太玄經』 초고를 쓰고 있었는데 스스로 담박한 생활을 하면서 지냈다. 어떤 사람이 양웅揚雄을 상백尚白 즉 벼슬을 멀리하고 백의白衣를 숭상하는 것으로 여겨 비웃었다. 이에 양웅揚雄이 거기에 해답하는 글을 지어 「해조解嘲」라고 한다."

「해조편解嘲篇」 본문 가운데 "……今大漢……東南一尉 西北一侯"라는 문구가 나온다.

10. 선선銑 : 『문선文選』을 주석한 장선張銑을 말한다. 『소명문

선昭明文選』은 진한秦漢시대로부터 아래로 제齊·양梁에 이르기까지의 시문詩文을 선록選錄하였는데 당나라 현경顯慶 연간에 이선李善이 주석을 냈고 개원開元 연간에 이르러 여연조呂延祚가 다시 여연제呂延濟·유량劉良·장선張銑·여향呂向·이주한李周翰 5인을 모아 공동으로 주석작업을 하였다. 그래서 『문선文選』은 「이선주李善注」와 「오신주五臣注」 두 본本이 있게 되었다. 남송南宋 이후에는 「이선주李善注」와 「오신주五臣注」를 합각合刻하여 『육신주문선六臣注文選』이라 칭하였다. 여기서 말하는 선銑은 바로 『육신주문선六臣注文選』의 한 사람인 장선張銑을 가리킨다.

11. 유성柳城: 현縣의 이름이다. 『한서漢書』 「지리지하地理志下」에 "요서군遼西郡에 현縣이 열네 개가 있는데 유성柳城이 그 하나이다"라고 하였다. 지금 요녕성遼寧省 조양현朝陽縣 동남쪽에 있었다고 본다. 『독사방여기요讀史方輿紀要』 「직예만전도지휘사사대녕위直隷萬全都指揮使司大寧衛」에 다음과 같이 기록되어 있다. "영주고성營州故城은……은殷나라와 주周나라시기에는 고죽국孤竹國 땅이 되었고 춘추春秋시대에는 산융山戎의 땅이 되었으며 전국戰國시대에는 연燕나라에 속했고 진한秦漢 및 진晉나라시대에는 모두 요서군遼西郡에 속했고 진건흥晉建興 이후에는

모용씨慕容氏에 소속되었으며 함강咸康 7년에는 모용황慕容皝이 유성柳城의 북쪽, 용산龍山의 서쪽을 복덕지지福德之地라고 하여 궁묘宮廟를 경영하고 유성柳城을 용성龍城으로 고쳤다. 8년에는 드디어 천도遷都하였다. 얼마 뒤에는 신궁新宮을 화룡궁和龍宮이라 하고 궁문宮門을 굉광문宏光門이라고 하였다."

12. 염월厭越 : 『십육국춘추十六國春秋』 「전연록前燕錄」에 "昔高辛氏游于海濱, 留少子厭越 居于北夷, 邑于紫蒙之野)"라 기록되어 있다. 고신씨高辛氏는 제곡고신씨帝嚳高辛氏로 오제五帝 중의 한 분이다. 뇌광진雷廣臻은 염월厭越을 은殷나라의 시조始祖 설契로 보고 자몽지야紫蒙之野를 노합하老哈河・서요하西遼河 유역으로 간주했다.

13. 막호발莫護跋 : 선비鮮卑 모용부慕容部의 초대初代 군주君主이다. 모용부慕容部는 선비족鮮卑族의 주요 부락의 하나이다. 삼국三國시대에 선비족鮮卑族 수령首領 막호발莫護跋이 부족들을 인솔하고 요서遼西로 옮겨 와서 살았고, 사마의司馬懿를 따라 당시 요동遼東 지역에 할거하고 있던 공손연公孫淵을 정토征討하는 데 참가하여 전공戰功을 세워 솔의왕率義王에 봉함을 받게 되었으며, 극성棘城(형성荊城이라고도 한다) 이북에서 국가를 건립하였다. 『진

서晉書』「모용외재기慕容廆載記」에 "秦漢時 爲匈奴所敗 保鮮卑 山 因號鮮卑 魏初莫護跋 建國於棘城之北"이라고 나와 있다.

서진西晉시기에 막호발莫護跋의 증손자曾孫子 모용외慕容廆가 연북燕北과 요동遼東 일대를 점령하여 선비선우鮮卑單于라 자칭하였고 모용외慕容廆의 아들 모용황慕容皝은 뒤에 전연국前燕國을 건립하였다. 이때로부터 정식으로 모용慕容을 성姓으로 쓰게 되었다고 한다. 동진東晉 십육국十六國시기에 모용씨慕容氏는 북방北方에서 전후에 걸쳐서 전연前燕·후연後燕·남연南燕·북연北燕 등 국가를 건립하였고 정권은 모두 70여 년 동안 유지되었다.

14. 사마선왕司馬宣王 : 사마의司馬懿(179~251)를 말한다. 하내河內 온현溫縣 효경리孝敬里(지금의 하남성河南省 온현溫縣 초현진招賢鎭) 사람으로 자字는 중달仲達이다. 여러 차례 군사를 이끌고 제갈량諸葛亮과 맞서 싸워 그 공로로 선왕宣王에 봉해졌다. 그 손자 사마염司馬炎이 황제를 자칭한 후에 그를 진晉나라 선제宣帝로 추존하였다. 사마의司馬懿는 사마방司馬防의 차자次子로『진서晉書』「선제기宣帝紀」에는 그가 "어려서부터 기절奇節이 있고 총명하였으며 대략大略이 많았다"라고 기록하고 있다.

15. 극성棘城 :『십육국춘추十六國春秋』와『진서晉書』등에 "선

비鮮卑 막호발莫護跋이 위魏나라 초기에 극성棘城 북쪽에 서 건국했다"라고 기록되어 있는데 극성의 정확한 위치는 고적古籍상에서는 확인되지 않고 있다. 극성을 지금 요녕성遼寧省 의현義縣 서쪽으로 보는 것이 중국학자들의 대체적인 관측이다.

16. 대代 : 고대의 국가명, 또는 군명郡名이다. 전국시대에 대국代國이 있었는데 조趙나라가 멸망시킨 다음 대군代郡을 설치했으며 진한秦漢시대에도 그대로 따랐다. 지금 산서성山西省 동북부 및 하북성河北省 울현蔚縣 부근이 그 지역이다. 상건현桑乾縣을 치소治所로 하였는데 지금 하북성河北省 울현蔚縣 동북쪽에 있었다. 동한東漢시대에는 치소治所를 고류현高柳縣으로 옮겼는데 지금 산서성山西省 양고현陽高縣 서북쪽에 있었다. 진晉나라 때는 대현代縣으로 치소治所를 옮겼는데 지금 하북성河北省 울현蔚縣 동쪽에 있었으며 동진東晉시대에 폐지되었다. 진晉나라 때 선비鮮卑 탁발씨拓跋氏가 세운 나라 이름이 또한 대국代國이었다. 뒤에 후위後魏로 국호國號를 고쳤다.

17. 보요관步搖冠 : 관冠의 일종이다. 즉 위에 구슬로 만든 장식물이 달린 모자로서 사람이 그것을 쓰고 걸음을 걸으면 흔들리기 때문에 보요步搖라 했다고 한다.『석명釋

名』「석수식釋首飾」에 "步搖上有垂珠 步則搖也"라고 기술되어
있다.

18. 목연木延 : 목연木延(245~271재위)은 전연前燕의 전신前身
인 모용부慕容部의 군주君主로 모용부慕容部 선비鮮卑 초대
初代 수령首領 막호발莫護跋의 아들이고 모용섭귀慕容涉歸·
모용산慕容刪의 아버지이다.

19. 섭귀涉歸 : 모용부慕容部 선비鮮卑 초대初代 수령首領 막호
발莫護跋의 손자 모용섭귀慕容涉歸(?~283)를 말한다. 섭
귀涉歸는 모용부慕容部 선비鮮卑 수령首領으로 취임한 지
얼마 안 되어 그 근거지를 극성棘城 서쪽에서 요동군遼
東郡의 북쪽으로 옮겼다. 진晉나라 군대가 작전하는 데
참여하여 전공을 세워 대선우大單于에 봉해졌다.

20. 이의二儀 : 천지天地를 가리킨다. 성공수成公綏의 「천지부
天地賦」에 "何陰陽之難測 偉二儀之奢闊"이라고 나온다.

21. 삼광三光 : 일日·월月·성星을 말한다. 『백호통白虎通』「봉
공후封公侯」에 "天道莫不成于三 天有三光 日月星 地有三形 高下平
人有三尊 君父師"라고 기록되어 있다.

22. 목숙穆叔 : 춘추春秋시대 노魯나라의 숙손표叔孫豹를 말한다. 여기서 인용한 "보성수씨保姓受氏"는 549년 목숙穆叔이 진晉나라에 가서 범선자范宣子를 만났을 때 "사이불후死而不朽"에 대한 질문을 받고 그 유명한 삼불후三不朽 즉 '입덕立德·입공立功·입언立言'을 설명하면서 한 말로『좌전左傳』「양공襄公」24년 조항에 그 내용이 다음과 같이 나와 있다. "若夫保姓受氏 以守宗祐 世不絕祀 無國無之 祿之大者 不可謂不朽." "성씨姓氏를 받아 가문家門을 보존하고 종묘宗廟를 지키면서 대대로 제사를 끊이지 않는 것은 어떤 나라나 그렇게 하지 않는 나라가 없으니 녹祿이 큰 것만으로는 불후不朽라고 말할 수 없다"라는 의미이다. 본래의 문장은 여기서 인용한 것과는 조금 다른 의미로 쓰였다.

23. 「사괘師卦」:『주역周易』64괘 중의 일곱번째 괘이다. 지수사괘地水師卦의 하괘下卦는 수水, 상괘上卦는 곤坤이다. 여기서 '사師'는 스승 사師자가 아니고 군대軍隊를 가리킨다. 이 괘의 주요내용은 군대가 출정出征하여 작전하는 것과 관련이 있기 때문에 사師를 본 괘의 표제標題로 삼았다. 「사괘師卦」 상육上六의 효사爻辭에 "대군유명大君有命 개국승가開國承家 소인물용小人勿用"이라고 나온다.

"나라의 임금은 공이 큰 사람은 개국開國시켜 제후諸侯
로 삼고 공이 적은 사람은 가업을 계승시켜 경대부卿大
夫로 삼을 것이며 소인小人은 등용하지 말라"는 뜻이다.
그런데 여기서 "개국승가開國承家는 『주역周易』 「사괘師
卦」 상구上九의 효사爻辭이다"라고 말하고 있다. 상구上九
의 구九자는 상육上六의 육六자의 오류이다.

24. 명銘 : 문체文體의 한 가지로 공덕功德을 칭송하여 후세
자손에게 보이거나 혹은 경계警戒하는 말을 지어서 스
스로 반성하는 자료로 삼는 것인데 금석金石이나 또는
기물器物의 위에 새겼다. 명銘은 하夏나라와 은殷나라시
대로부터 있어온 것으로서 『대학大學』에는 은殷나라 탕
왕湯王의 반명盤銘이 나오고 『대대례大戴禮』에는 무왕武王
의 여러 명銘들이 전해진다. 묘비명墓碑銘은 앞에 비碑
주인主人의 행적을 기록한 서序를 쓰고 뒤에 그것을 요
약한 명문銘文이 붙는다.

25. 고류高柳 : 현縣의 명칭이며 한漢나라 때 설치했다. 고성
故城은 산서성山西省 양고현陽高縣에 있었다. 양고현은 지
금 대동시大同市 부근 산서성山西省의 최북단에 북으로
장성長城을 격하여 내몽고자치구와 서로 이웃하고 있
다. 『한서漢書』 「지리지하地理志下」에는 "대군현십팔代郡

縣十八 고류高柳"라고 나온다. 고류현高柳縣의 변천과정을 살펴보면 서한西漢시대에는 고류현을 설치하여 대군代郡에 소속되었고 서부도위西部都尉의 치소治所가 되었다. 동한말東漢末에는 대군代郡의 치소治所가 고류현으로 옮겨오고 현縣은 폐지되었다. 진대晉代에는 다시 설치하여 그대로 고류현이라고 하였다.

북위北魏 영희永熙 연간에는 현縣에다가 고류군高柳郡을 설치했다가 북제北齊시기에는 군郡과 현縣을 모두 폐지하였다. 요遼나라 때는 장청현長靑縣을 설치하여 대동부大同府에 소속시켰다. 금金나라 대정大定 7년(1167)에는 명칭을 백등현白登縣으로 개정했는데 백등하白登河가 이 지역의 중간을 관통하기 때문에 이런 이름을 붙인 것이다. 원元나라 때는 현縣을 설치하여 대동로大同路에 소속시켰고 명明나라 때는 양화위陽和衛를 설치하여 대동부大同府에 소속시켰다. 청淸나라 때는 양화위陽和衛를 양고위陽高衛로 고쳐서 대동부大同府에 소속시켰고 옹정雍正 3년(1725)에 다시 양고현陽高縣으로 개정해서 대동부大同府에 소속시켰다.

26. 밀운密雲 : 산 이름으로 하북성河北省 밀운현密雲縣 남쪽에 있다. 본래의 이름은 횡산橫山이다. 밀운현이란 명칭은

밀운산密雲山에서 유래한 것이다. 『명승지名勝志』에 "산장운무山藏雲霧 현명취언縣名取焉"이라 기록되어 있다.

『독사방여기요讀史方輿紀要』「직예순천부창평주밀운현直隸順天府昌平州密雲縣」 조항에는 밀운산密雲山과 관련된 다음과 같은 내용이 실려 있다. "密雲一名橫山 晉咸康四年 石虎攻段遼於令支 遼棄令支 奔密雲山 虎遣將追獲其母妻 唐置橫山城 爲守禦處 盖置于山下." 그리고 밀운현의 역사적 변천과 관련해서는 이렇게 적혀 있다. "密雲縣 漢白檀縣地 屬漁陽郡 後漢省 後魏置密雲縣 及密雲郡 明初又改州爲密雲縣 屬順天府."

밀운현密雲縣은 조하潮河와 백하白河가 합쳐지는 입구의 동북쪽에 위치하여 북쪽으로 장성長城과 가깝다. 지리적으로 기주冀州가 열하성熱河省과 만나는 교통의 요충을 점하고 있다. 한때는 이곳이 한漢·몽蒙간의 무역이 매우 활발하게 이루어지던 지역이다. 현재 밀운현密雲縣은 북경시에 편입되어 시 동북쪽에 위치하고 있으며 현縣의 명칭이 그대로 보존되고 있다. 그런데 밀운현에서 밀운산密雲山이라는 명칭은 보이지 않는다. 현재 밀운현密雲縣에 운몽산雲蒙山이 있는데 밀운산이 뒤에 이렇게 명칭이 변경된 것이 아닌가 여겨진다. 운몽산은 소황산小黃山으로 불릴 만큼 풍경이 아름다운 곳으로 밀운현密雲縣과 회유구懷柔區의 접경지대에 위치해 있다.

제6장

되찾은 고조선,
그 의미와 남은 과제

요약과 결론

1. 우리는 왜 상고사를 잃어버리게 되었나

1. 조선왕조에서의 상고사 자료 은폐

고려 태조 왕건은 자신의 호칭을 과인寡人이 아닌 짐朕이라 하였고 왕이 내린 문서를 교서敎書가 아닌 조서詔書라 했으며 천수天授라는 연호를 사용하고 하늘에는 천제를 지냈다. 이것은 우리나라가 고려 때까지는 중국의 눈치를 보지 않고 중원의 황제와 대등한 천자의 나라로 존재해 온 사실을 말해준다.

그러나 조선조에 이르러서는 완전히 달랐다. 당당한 천자국이 아니라 제후국으로 격하되어, 스스로 명나라를 상국上國으로 모시면서 유명조선국有明朝鮮國을 자처했다. 고조선으로부터 고려에 이르기까지 천자국으로 군림해왔던 과거역사가 명나라의 속국이나 다름없던 이씨조선의 입장에서는 몹시 부담스러웠다. 그리하여 이

때부터 우리 상고사 역사 자료에 대한 은폐가 시작되었던 것이다.

『조선왕조실록』에서 세조 3년(1457) 5월 26일 조항을 보면 임금이 팔도八道의 관찰사觀察使에게 유시諭示한 다음과 같은 내용이 나온다.

"『고조선비사古朝鮮秘詞』·『대변설大辯說』·『조대기朝代記』·『주남일사기周南逸士記』·『지공기誌公記』·『표훈삼성밀기表訓三聖密記』·『안함로원동중삼성기安含老元董仲三聖記』·『도증기지리성모하사량훈道證記智異聖母河沙良訓』, 문태산文泰山·왕거인王居人·설업薛業 등 『삼인기록三人記錄』, 『수찬기소修撰企所』의 1백여 권과 『동천록動天錄』·『마슬록磨蝨錄』·『통천록通天錄』·『호중록壺中錄』·『지화록地華錄』·『도선한도참기道詵漢都讖記』 등의 문서는 사처私處에 간직해서는 안 된다. 만약 간직한 사람이 있으면 진상進上하도록 허락하고, 자원自願하는 서책書冊을 가지고 회사回賜할 것이다. 그것을 관청·민간 및 사찰에 널리 알리도록 하라."

여기 열거된 책명 중에 『조대기』·『지공기』·『표훈삼성밀기』·『안함로원동중삼성기』 등은 책이름만으로도 그것이 우리의 상고사를 다룬 내용이라는 것을 짐작할 수 있다.

『조대기』는 이씨조선 이전의 역대 왕조의 역사를 다룬 책이고 『표훈삼성밀기』와 『안함로원동중삼성기』는 환인·환웅·단군 삼성의 상고시대 역사를 기록한 내용일 것이다. 특히 『고조선비사』는 우리의 조상들이 직접 기록한 고조선시대의 기록을 담은 문헌이라는 것은 두말할 나위 없다. 그러나 오늘날 이런 귀중한 문헌들은 책이름으로만 전할뿐 실제 내용은 접할 수가 없다.

조선왕조에서 이와 같이 우리의 상고사 관련 기록들에 대해 개인의 소장을 금하고 모두 국가에서 환수하도록 조처하였던 이유는 간단하다. 명나라의 눈치를 보던 유명조선국 시절에, 우리가 대륙의 주인으로서 중원을 지배했던 웅대한 고조선·고구려 등의 역사를 드러내는 것은 명나라에 대한 사대事大에 방해가 된다고 생각했다. 그래서 자의반 타의반으로 은폐를 시도했던 것이다.

2. 일제강점기의 파기와 유실

『고조선비사』나 『표훈삼성밀기』에서 보는 바와 같이 책이름에 비사나 밀기라는 표현이 들어가 있는 것을 본다면, 조선왕조에서는 공개적으로 이 책의 소장을 금한 것은 사실이지만 민간에서는 비밀리에 이러한 기록들이 전해진 사실을 알 수 있다.

그리고 조선왕조에서는 상고사사료의 개인 소장을 금하고 환수를 명하였으나 이를 모두 파기하였다는 기록은 찾아볼 수 없다. 아마도 민간에서 회수한 뒤 장서각 藏書閣 같은 왕실 도서관에 이를 따로 보관하도록 조처하였을 것으로 여겨진다. 그러나 조선왕조는 일제에 의해 나라가 망했다.

장서각에 보관되어 있던 『고조선비사』·『조대기』·『지공기』·『표훈삼성밀기』·『안함로원동중삼성기』와 같은 책들이 식민통치의 영구화를 노린 일제 치하에서 온전했을 리 만무하다. 총독부 산하에 조선사편수회를 설치하고 고조선사 말살에 혈안이 되어 있었던 일제에 의해 파기당했을 수 있다. 아니면 일본으로 몰래 반출하여 저들의 황실 도서관에 소장해 두었을 가능성도 배제할 수 없다.

3. 『삼국사기』·『삼국유사』 기록의 부실과 『한단고기』의 한계

『고조선비사』·『조대기』·『표훈삼성밀기』·『안함로원동중삼성기』와 같은 상고사 사료들을 모두 잃어버린 오늘날 현존하는 한국의 최고 사료로서는 『삼국사기』와

『삼국유사』가 있을 뿐이다. 그렇지만 『삼국사기』·『삼국유사』는 책이름이 시사하는 것처럼 고구려·백제·신라 삼국의 역사를 위주로 기술한 것이지 상고시대 역사를 다룬 것은 아니다.

그러나 김부식은 『삼국사기』 「신라본기」 시조 혁거세 조항에서 신라의 출범에 대해 언급하면서 "조선의 유민遺民들이 모여서 세운 나라"라고 분명히 말했다. 그렇다면 『삼국사기』가 비록 『고조선사기古朝鮮史記』는 아니라 하더라도 신라의 뿌리인 고조선의 유민이 어떤 사람들이었는지에 대해 설명을 하고 넘어가는 것이 옳았다. 그런데 김부식은 "조선유민朝鮮遺民"이라는 네 글자 이외에는 고조선에 대한 일체의 추가 설명을 하지 않았다.

이것이 김부식이 본래 고조선사를 빼놓고 언급하지 않은 것인지 아니면 혹시 조선조 때 『삼국사기』 초간본을 간행할 당시, 『고조선비사』 등 상고사 자료를 환수해서 은폐하는 조치의 일환으로 그 부분을 삭제해버린 것인지는 알 수 없다. 만약에 김부식이 처음부터 고조선을 빼버리고 기록하지 않았다면 그것은 역사학자로서 비판받아 마땅한 직무유기에 해당하는 행위라고 하겠다.

일연의 『삼국유사』는 김부식의 『삼국사기』와 달리 책의 서두에 고조선 조항이 들어 있다. 그러나 2천년 고조선

역사를 단 한 페이지에 서술하다보니 그 내용이 너무나 부실한 것이 흠이다. 물론 한 승려의 신분으로 자료를 수집하여 단군조선에 대해 비록 몇 줄 안 되지만 그것을 전함으로써 명맥이나마 유지하도록 한 그 공로는 인정하지 않을 수 없다. 하지만 기왕 고조선 역사를 다룰 바에 좀 더 자료를 보완하였더라면 오늘날 우리의 상고사가 이렇게까지 황무지화하지는 않았을 것이라는 아쉬움이 남는 것도 사실이다.

『한단고기』에는 웅대한 밝달민족의 역사가 멋지게 펼쳐져 있다. 그러나 『한단고기』는 중국이나 일본에는 없고 한국에만 있는 책이다. 또한 100년 전에야 비로소 세상에 모습을 드러냈다. 그러다보니 국내외적으로 그 사료적 가치를 인정받지 못하고 있다는 것이 『한단고기』가 지닌 한계로 지적된다.

이상에서 살펴본 데 따르면, 조선왕조에서 명나라에 대한 사대에 앞장섰던 자들의 자의 반 타의 반적인 우리 상고사 자료 은폐, 일제강점기 민족정기 말살과 식민통치의 영구화를 노린 우리 상고사 자료의 파기와 유실, 한국사의 현존 최고 사료인 『삼국사기』·『삼국유사』의 상고사 부분 부실, 그리고 웅대한 상고사가 펼쳐져 있지만 국내외적으로 사료적 가치를 인정받지 못하고 있는 『한단고기』의 한계 등을 오늘 우리가 상고사를 잃어버리게 된 주요한 요인으로 꼽을 수 있겠다.

2. 고조선은 어떤 나라인가

1. 고조선은 신화 아닌 천하를 경영한 제국

우리가 잃어버린 상고사 고조선은 어떤 나라인가. 『세종실록』에는 「단군고기檀君古記」를 인용하여 다음과 같이 말하고 있다.

"단군이 나라를 세우고 이름을 조선이라 하였다. 조선·시라·고례·남옥저·북옥저·동부여·북부여·예와 맥이 다 단군이 다스리던 나라이다.(檀君立國 號曰朝鮮 朝鮮 尸羅 高禮 南北沃沮 東北夫餘 濊與貊 皆檀君之理)"

여기서 말하는 "단군지리檀君之理"라는 이理자는 진리의 '이'를 가리킨 것이 아닌 통치統治의 치治자와 같은 의미로서 조선·시라尸羅·고례高禮·남옥저南沃沮·북옥저北沃沮·동부여東夫餘·북부여北夫餘·예濊와 맥貊 아홉 나라가 다

"단군지치檀君之治" 즉 단군이 통치하던 나라라는 뜻이다.

명나라 사람 오명제吳明濟가 저술한 『조선세기朝鮮世紀』라는 책에는 단군에 대하여 "구이군지九夷君之" 즉 "아홉 개 이족들이 모여서 그를 임금으로 삼았다"라고 말하였다. 오명제가 말한 구이九夷는 「단군고기」에서 단군조선이 다스렸다고 말한 아홉 개 나라를 지칭한 것이라고 하겠다.

이런 기록들에 따르면 단군은 신화적 인물이 아니라 환국桓國·단국檀國시대를 지나 천하를 경영한 고조선왕국의 제왕이었고 단군조선은 변방의 소국小國이 아니라 아홉 개의 제후국을 거느린 대제국이었음이 분명한 사실인 것이다.

2. 로마·한漢 왕조보다 위대했던 고조선

영국의 역사학자 토인비는 세계 역사상에서 가장 영향력이 높았던 인물로 로마의 카이사르와 한漢 왕조의 유방劉邦을 꼽았다. 카이사르는 로마 천년 왕정의 기틀을 닦았고 유방은 한 왕조 2천년의 기반을 닦았다는 것이 그 이유였다.

로마는 한때 세계를 제패한 위대한 나라였지만 지금 국가도 민족도 남아 있지 않고 오직 역사로서만 존재할 뿐이다. 그러나 고조선은 조선국가와 조선민족과 조선역사가 그대로 살아서 오늘에 면면히 이어지고 있다.

한漢 왕조는 유방에 의해 건국된 후, 한·당·송·명 등을 거치면서 한족 중심의 역사를 2천년 가까이 이어오고 있는 것은 사실이다. 그러나 한 왕조 400년 역사에서 서한 말에 왕망王莽의 주권 침탈로 인한 한 차례 망국의 과정이 있었고 그 후 요·금·원·청 등 이민족에 의한 지배도 수백 년에 걸쳐 이루어졌다. 엄격히 말하면 2천년 역사가 유방의 한족 왕조에 의한 역사라고 단언하기 어렵다.

그러나 고조선은 단군에 의해 건국된 후 내란이나 외침 없이 2천년 역사를 고스란히 유지하였다. 따라서 카이사르의 로마보다 위대하고 유방의 한 왕조보다 위대한 나라가 우리의 고조선이라고 말할 수 있는 것이다.

3. 고조선古朝鮮은 한민족의 긍지와 자존심의 상징

슈메르가 서양역사의 출발점이라면 고조선은 동양역

사의 시원이다. 유럽의 선진국인 독일·프랑스·영국·이탈리아의 역사는 천년을 넘지 않는다. 미국의 역사는 200여 년에 불과하다. 우리가 반만 년 역사를 자랑하는 세계의 역사 선진국이 될 수 있는 것은 고조선이 있음으로 가능한 것이다.

고구려가 강성했다고 하지만 그 국력이 한나라와 당나라를 초과하지는 못했고 백제와 신라가 문화국가였다고 하지만 그 문화가 중원문화中原文化를 능가하지는 못하였다. 그러나 고조선은 달랐다. 경제·문화 각 방면에서 중국을 능가하는 선진적인 차원에 도달해 있었다.

우리에게 공자孔子가 가서 살고 싶어 했던 군자君子의 나라 고조선이 없었다면 우리는 중국 한문화漢文化의 아류에 불과하고, 우리에게 발해의 모퉁이에 있었던 요서조선遼西朝鮮이 없었다면 우리는 한반도에 뿌리를 둔 반도국가에 불과하다.

한국인에게 있어 고조선은 긍지와 자존심의 상징이다. 고조선은 우리민족 건국의 출발점인 동시에 우리 역사상 가장 위대하고 자랑스러운 나라였던 것이다.

3. 왜 고조선을 되찾았다고 말하는가

　우리가 상고사를 잃어버리게 된 주요 원인이, 조선왕조에서 사대주의자들의 고조선 사료 은폐, 일제강점기의 파기와 유실, 『삼국사기』·『삼국유사』 기록의 부실과 『한단고기』의 한계 등에 있다는 사실을 앞에서 지적한 바 있다.

　그런데 지금 잃어버린 고조선사를 되찾았다고 말하는 이유는 무엇인가. 그것은 김부식의 『삼국사기』가 빠뜨린 고조선 사료, 일연의 『삼국유사』가 미처 참고하지 못했던 고조선 사료, 사대 식민주의자들이 꼭꼭 숨겨놓고 밝히기를 꺼린 고조선 사료들을 한·중·일 삼국이 모두가 인정하는 사료의 보고인 『사고전서』에서 찾아냈기 때문이다.

　이번에 『사고전서』에서 찾아낸 고조선 사료들은 중국 송나라 시대 이전의 것들로서 시기적으로 모두 김부식과 일연의 『삼국사기』·『삼국유사』보다 앞선다. 특히 북주시대에 유신庾信이 쓴 신도비문은 지금으로부터 1500년 전의 금석문金石文으로 그 사료적 가치는 매우 높다.

『삼국사기』·『삼국유사』에 포함되지 않은 고조선의 비秘자료, 사대 식민주의자들이 숨겨 왔던 고조선의 숨은 자료들이 지금 새롭게 밝혀짐으로써 영원히 잃어버린 줄 알았던 우리의 위대한 요서고조선의 역사는 베일을 벗고 다시 그 정체를 드러냈다. 아래에서 고조선을 되찾았다고 말하는 이유가 무엇인지 좀 더 상세하게 설명하기로 한다.

1. 조선하朝鮮河와 고조선

『무경총요武經總要』는 북송北宋 때 군사제도와 군사이론을 기록한 중국 최초의 관찬병서官撰兵書이다. 산천山川·지리地理와 관련된 내용을 상세히 기술하고 있어 당시 송나라가 처한 지리적 역사적 상황을 살피는 데 매우 귀중한 참고자료가 된다.

북송 때는 오늘날의 하남성 개봉시開封市가 송나라의 수도였고 북경 지역은 요遼나라 영토에 소속되어 처음에는 남경南京이라고 했다가 나중에 다시 연경燕京으로 변경되었다. 그러므로 『무경총요』에서는 연경이 송나라의 「변방邊防」 부문에 편입되어 그 산천과 지리가 다루어지고 있다.

그런데 여기서 특기할 사항은 연경燕京, 즉 지금 북경의 지리를 설명하는 내용 가운데 조선하朝鮮河라는 이름이 등장한다는 사실이다.

당시 요나라 수도 중경中京은 오늘날의 내몽고자치구 적봉시赤峰市 영성현寧城縣에 자리 잡고 있었다. 따라서 연경에서 요나라의 수도 중경에 가려면 북문北門을 나가서 고장성古長城을 지나고 망경望京(지금의 북경시 조양구朝陽區 망경), 온여하溫餘河·순주順州(지금의 북경시 순의구順義區), 단주檀州(지금의 북경시 밀운현密雲縣), 고북구古北口를 거쳐서 북쪽으로 가게 되어 있었다. 그런데 고북구에 당도하기 전에 먼저 조선하를 건너서 간다고 이 책은 기록하고 있는 것이다.

그렇다면 여기서 말하는 조선하는 오늘날의 어떤 강을 가리키는 것일까. "연경에서 중경을 가는 도중에 조선하를 지나서 고북구에 도달한다"라고 한 『무경총요』의 기록에 따르면 조선하는 고북구 서쪽에 위치해 있었던 것이 분명하다. 그런데 현재 중국지도상에서 찾아보면 조하潮河는 고북구 서쪽에 있고 난하灤河는 고북구 동쪽에 있다. 이는 바로 오늘의 조하潮河가 송나라 때는 조선하로 불렸다는 확실한 증거가 된다.

『무경총요』는 지금으로부터 근 천여 년 전인 1044년에 편찬되었다. 시기적으로 볼 때 여기서 말하는 조선하는 600여 년 전에 압록강 이남에 건국되었던 이씨조선과는 전혀 무관한 것이다.

조선하가 압록강 이남 지역의 평양이나 서울 일대가 아닌 북경 부근에 있었다는 것은 고대의 조선은 한반도가 주무대가 아니라 대륙 깊숙이 중원의 요서 지역에 자리하고 있었던 사실을 단적으로 증명한다.

『무경총요』는 『삼국사기』·『삼국유사』보다 수백 년을 앞서 편간된 책이다. 그런데 안타깝게도 김부식과 일연은 그들의 저서에서 이런 중요한 기사들을 빠뜨렸다.

조선하가 북송시기에 오늘의 북경시 북쪽 고북구 인근에 있었다는 사실을 오늘에 전해준 『무경총요』는 잃어버린 요서고조선의 역사를 확실히 되찾게 해준 매우 획기적인 귀중한 자료라고 하겠다.

그리고 우리가 천여 년 전에 북경시 부근에 조선하가 존재하고 있었던 것을 사실로 믿을 수밖에 없는 이유가 또 있다. 그런 기록이 『무경총요』에만 나오는 것이 아니라 그보다 앞서 쓰여진 왕증王曾의 『왕기공행정록王沂公行程錄』에도 보인다는 사실이다.

왕증(978~1038)은 송宋나라 왕조에서 직사관直史館·사관수찬史館修撰 같은 벼슬을 역임하면서 역사편찬에 직접 관여하기도 했다. 벼슬은 나중에 군사기구의 최고 장관격인 추밀사樞密使에 올랐고 재상宰相을 두 차례나 역임하기도 했다. 그리고 기국공沂國公에 봉해졌다.

『왕기공행정록』은 왕증이 송나라의 특사로 요나라에 사신으로 갈 때 기록한 내용이다. 송나라 변경에서 요나라 수도 중경, 즉 오늘의 내몽고 영성현까지의 중간 경유지를 일정표 형식으로 적은 것인데 후인들이 그가 기국공에 봉해졌기 때문에 이를 『왕기공행정록』이라고 이름을 붙인 것이다.

왕증 정도의 비중 있는 인물이 "조선하의 별칭이 칠도하七度河이며 이를 건너서 고북구에 당도했다"라고 행정록에서 기록했다면 우리는 그 기록을 사실로 믿어도 좋을 것이다.

또한 시기는 좀 뒤지지만 조선하에 대한 기록은『석진지집일析津志輯佚』에도 보인다.『석진지집일』은 원元나라 말엽의 학자 웅몽상熊夢(蒙)翔이 원나라 대도大都 즉 오늘의 북경에 대해 기술한 책이다.

그런데 북경의 역사를 전문으로 다룬 북경지방사지北京地方史志인『석진지집일』에 조선하와 습수濕水가 등장한다. 이는『무경총요』나『왕기공행정록』과 일맥상통하는 기록이다.

지금 조하는 말이 없다. 그저 침묵 속에 하북성 동쪽을 흐를 뿐이다. 그러나 천여 년 전의 중국인에 의해 쓰여진『무경총요』와『왕기공행정록』은 그 강의 본래 이름은 조하가 아니라 조선하였다는 사실을 웅변으로 입증해주고 있다.

조하는 천년 만에 잃어버린 본래 이름을 되찾았고 고조선은 천년 만에 잃어버린 요서조선의 역사를 되찾은 것이다.

2.『조선기朝鮮記』와 고조선

고대사는 사료가 생명이다. 고조선사古朝鮮史를 연구하

는 데 있어 최대의 걸림돌은 사료가 부족하다는 것이다. 『삼국사기』에서는 고조선사를 아예 다루지 않았다. 『삼국유사』에서는 제1권 고조선 조항에서 단군조선과 기자조선을 언급하고 있으나 2천년에 달하는 고조선 역사기록이 단 몇 줄에 지나지 않는다.

오늘날 고조선사가 실제 역사가 아니라 신화에 지나지 않는다거나 또는 원나라 때 항몽 의식을 고취하기 위해 만들어진 역사라는 이러한 허튼 소리가 나오는 이유를 사료의 빈곤에서 그 원인을 찾을 수 있다.

그렇다면 고조선은 과연 당시의 직접 사료가 존재하지 않는 만들어진 신화에 불과한 것인가.

『산해경山海經』은 총 18편으로 구성된 책으로, 동아시아에서 지리를 전문으로 다룬 가장 오래된 책이다. 청淸나라 때 학자 오임신吳任臣은 『산해경광주山海經廣注』라는 『산해경』에 대한 주석서를 펴냈다. 진晉나라 곽박郭璞의 『산해경주山海經注』를 바탕으로 그것을 보완하는 형식을 취했기 때문에 이름을 『산해경광주』라고 한 것이다.

오임신의 『산해경광주』에는 고조선사와 관련해서 매우 중대한 사실이 언급되어 있다. 『산해경』에 나오는 「해내경海內經」과 「대황경大荒經」이 모두 『조선기』 즉 고조선의 역사를 기술한 『고조선사기古朝鮮史記』라는 것이다.

물론 이것은 청나라 사람 오임신의 주장은 아니다. 오임신이 「해내경」에 대해 설명하면서 「대황경」과 「해내경」을 모두 『조선기』로 간주했던 송나라 나필羅泌이 지은 『노사路史』의 주를 인용한 것이기 때문이다. 그러나 오임신이 『산해경광주』에서 나필의 『노사』 주석을 인용하였다는 것은 오임신 역시 그러한 견해에 동의하였음을 반영한다.

『산해경』 안의 「해내경」을 고대조선의 역사를 기록한 『조선기』로 간주한 것은 비단 송나라 사람 『노사』의 주석에 국한된 것이 아니다. 중국의 다른 여러 문헌들에서도 그와 같은 견해들을 확인할 수가 있다.

예를 들어 『설략說略』·『광박물지廣博物志』·『산서통지山西通志』·『지유識遺』·『산대각주초사山帶閣註楚辭』·『의요疑耀』·『명의名疑』·『강한총담江漢叢談』 등과 같은 저서들에서도 역시 「해내경」을 『해내조선기海內朝鮮記』 또는 『조선기』라고 표현하고 있는 것이다.

「대황경」과 「해내경」은 그 내용상으로 볼 때 중원中原의 역사 기록이 아닌 것은 분명하다. 그래서 『한서漢書』 「예문지藝文志」에서도 『산해경』을 소개할 때 13편이라

하고 「대황경」 이하 5편은 『산해경』에 포함시키지 않았다.

　혹자는 『산해경』에 포함된 「대황경」 이하 「해내경」까지의 다섯 편을 선진先秦시대의 사료가 아닌 서한西漢시대 유흠劉歆의 저술로 보기도 한다.

　그러나 송나라 시대에 저술된 『노사』의 주석에서 「해내경」을 『조선기』로 표현하고 있는 것을 보면 「대황경」과 「해내경」은 유흠의 저술이 아니라는 것을 알 수 있다. 본래 조선의 역사를 기록한 『조선기』였던 것을 서한시대에 유흠이 황실의 도서를 정리하면서 『산해경』에 잘못 포함시켰을 가능성이 크다.

　「해내경」은 조선국에 대한 설명으로부터 서두가 시작된다. 「대황경」에서는 소호국少昊國·군자국君子國·백민국白民國·숙신씨국肅愼氏國과 함께 요임금·순임금·치우 등에 대해 다루고 있다. 그 전체 내용상으로 볼 때, 고조선 사람이 고조선의 건국 이전과 이후의 역사를 직접 기록한 『고조선사기古朝鮮史記』라고 보아 큰 무리가 없을 것이다.

「대황경」과 「해내경」이 바로 고대 조선의 역사를 기록한 『조선기』가 확실하다면 우리는 상고사연구에서 사료의 빈곤이라는 난제에서 벗어나게 된다. 당시의 직접적인 기록을 통해, 고조선은 만들어진 신화가 아니라 실재 역사라는 사실을 뒷받침하게 되어, 잃어버린 고조선의 실체를 되찾는 일이 꿈이 아니라 현실로서 다가오게 된 것이다.

다만 김부식과 일연이 일찍이 이런 사료들을 참고하여 『삼국사기』·『삼국유사』에 포함시키지 못하고 빠뜨렸고 『고조선비사』와 같은 상고사 사료들은 유실된 탓으로 한국사가 망가질 대로 망가진 오늘날에서야 이런 사료들을 접하게 된 것이 천추에 한스러울 따름이다.

3. 조선성朝鮮城과 고조선

한국인 가운데 중국 하북성에 있는 노룡현盧龍縣을 아는 사람은 그리 많지 않다. 하북성 동부 청룡하青龍河 하류에 위치한 노룡현은 현재 행정구역상으로 하북성 진황도시秦皇島市에 소속되어 있으며, 진황도시는 북대하구北戴河區·창려현昌黎縣·무녕현撫寧縣·해항구海港區·노룡현·

청룡만족자치현靑龍滿族自治縣·산해관구山海關區를 포함하고 있다.

중국의 수도 북경시 동쪽에 위치한 진황도시는 발해를 마주하고 있어 풍광이 매우 아름답다. 여름철이면 모택동이 수영을 즐겼던 곳으로, 중국공산당 간부들의 피서지로 유명한 북대하北戴河, 또 명나라 이후 중원과 동북을 가르는 관문인 산해관 등이 바로 이 진황도시 소속으로 노룡현과 이웃하여 있다.

그런데 이곳 노룡현에 "조선성이 있다"는 기록이 송宋나라 때 낙사樂史(930~1007)라는 학자가 편찬한 지리총서인『태평환우기太平寰宇記』에 실려 있다.

송나라의 하북도河北道 평주平州는 오늘날의 중국 하북성 동쪽의 당산시唐山市·진황도시 일대에 해당하는 지역으로서 노룡盧龍·석성石城·마성馬城 3개 현을 관할하고 있었다. 그런데『태평환우기』는 노룡현 조항에서 고죽성孤竹城·요서성遼西城과 함께 조선성을 소개하고 있는 것이다.

『태평환우기』에 의하면 고죽성 다음에 조선성, 조선성 다음에 요서성의 순서로 기록하였다. 이것은 고죽성 부근에 조선성이 있고 조선성 인근에 요서성이 있었다

는 것을 의미한다. 만일 고죽성·조선성·요서성이 거리
상으로 서로 멀리 떨어져 있었다면 이런 순서에 따라
기록하지 않았을 것이다.

고죽국孤竹國은 주周나라가 은殷나라를 침략하여 멸망
시키자 주나라를 섬기기를 거부하고 수양산에 들어가
고사리를 캐먹으며 살다가 죽은 것으로 유명한 백이伯
夷·숙제叔齊의 나라이다. 백이·숙제의 나라가 송나라
때의 평주 노룡현에 있었다. 그러므로 거기에 고죽성이
있었던 것이다.

그리고 송나라 때 노룡현이 한漢나라 때는 비여현肥如縣
으로서 요서군遼西郡의 군청 소재지가 이곳에 있었다. 그
러므로 여기에 요서의 폐성廢城이 남아 있었던 것이다.

그렇다면 우리 밝달민족의 첫 국가 고조선古朝鮮과 동
일한 이름을 가진 조선성이 왜 송나라의 하북도 평주
노룡현 지역에 고죽성·요서성과 함께 폐성廢城으로 남
아 있었던 것일까.
『태평환우기』의 저자 낙사는 노룡현에 있는 조선성을
소개하면서 "조선성은 바로 기자箕子가 봉함을 받은 지

역이다. 지금 황폐한 성이 남아 있다(朝鮮城即箕子受封之地今有廢城)"라고 설명하고 있다.

은나라의 왕족이었던 기자는 은나라가 망하자 조선으로 떠나갔다. 이에 관한 기록은 『상서대전尚書大傳』·『사기史記』를 비롯한 수많은 중국 문헌에서 찾아볼 수 있다.

그런데 『태평환우기』의 설명은 그 당시 기자가 찾아갔던 조선은 오늘의 대동강 유역 평양에 있던 한반도 조선이 아니라 하북성 동쪽 조하 유역 노룡현에 있던 요서조선이었다는 사실을 증명하는 결정적인 단서가 된다.

노룡현은 수隋나라 개황開皇 18년(598)에 신창현新昌縣을 개정하여 최초로 설치되었다. 그 이후 당唐·송宋·원元·명明·청淸 등을 거치면서 북평군北平郡·평주平州·영평로永平路·영평부永平府 등으로 소속은 여러 차례 바뀌었지만 노룡현이라는 이름에는 변화가 없었으며, 1985년 하북성 진황도시 관할로 되었다.

지금은 노룡현이 진황도시 관할로 되어 있지만 송나라 때는 평주에 소속되어 있었다. "평주 노룡현에 조선성이 있다"라는 『태평환우기』의 기록을 단순히 이 기록 하나만 놓고 보면 얼른 수긍이 가지 않을 수도 있다.

그러나 이를 "북해(발해)의 모퉁이에 나라가 있는데

그 이름을 조선이라 한다"라고 한『산해경』, "중국 남쪽 송나라에서 북방 요나라 서울 영성으로 갈 때 하북성 고북구 부근에 있는 조선하를 건너서 갔다"라고 한『무경총요』와『왕기공행정록』, "선비족 모용외가 조선 땅을 기반으로 발전했고 모용황이 조선공朝鮮公에 봉해졌다"라고 한『진서晉書』와 두로공신도비문, "갈석산 부근에 조선국이 있었다"라고 한『회남자淮南子』의 기록 등과 대조하여 본다면 기자가 찾아갔던 그 조선은 대동강 유역 평양이 아닌 하북성 조하 유역 평주 노룡현 지역에 있었다는 사실이 확신으로 다가오게 된다.

우리의 사서인『삼국사기』·『삼국유사』에는 요서조선에 대한 명확한 기록이 거의 없다. 그러나 중국 송나라 때의 사서인『태평환우기』에서는 현재의 하북성 진황도시 노룡현에 조선성 유적이 있다는 사실을 분명하게 밝히고 있다. 우리는『태평환우기』가 남긴 조선성 기록을 통해, 압록강 이동의 대동강 조선에 앞서 압록강 서쪽의 발해만 부근에 있었던 요서조선의 실체를 오늘에 다시 되찾게 된 것이다.

4. 조선공朝鮮公과 고조선

모용황慕容皩(297~348)은 중국의 십육국시기 전연前燕의 창건자이다. 그는 조선족이 아니라 선비족鮮卑族이었고 한반도 사람이 아니라 요서 창려昌黎 사람이었다. 그가 생존한 시기는 이씨조선이 건국되기 천여 년 전이었고 그가 주로 활동한 무대는 오늘의 서랍목륜하西拉木倫河 유역이었다.

그런데 『진서晉書』 109권 「재기載記」 <모용황전>에는 요서에서 활동하던 창려 사람 선비족 모용황이 전쟁에 참가하여 용감히 싸운 공로로 325년 조선공에 봉해졌다는 기록이 나온다.

모용황은 선비족 모용외慕容廆의 아들로 태어나 요서 지역에서 주로 활동하던 인물이다. 더구나 그가 군공軍功을 세워 조선공으로 봉해지던 젊은 시절에는 그의 행동반경은 선비족의 근거지인 오늘의 서랍목륜하 상류 일대를 벗어나지 않았다. 그런데 그에게 어떻게 조선공을 봉할 수 있었을까.

모용황이 활동하던 진나라 시대의 기록인『진서』에는 당시 낙랑군樂浪郡이 평주에 설치되어 있고 낙랑군의 수현首縣으로서 조선현이 있다고 기록되어 있다.

모용황은 진나라 때 사람이니 그가 봉해진 조선은 바로 이 당시 평주의 조선현일 것이다. 우리가 상식적으로 생각할 때 여러 지역 가운데서 조선현을 골라 특별히 그에게 조선공으로 봉한 것은 그가 조선과 직간접으로 관련이 있어서였을 가능성이 많다.

『진서』에 기록된 낙랑군 조선현은 모용황이 활동하던 지역인 서랍목륜하 유역 부근 요서에 있었고, 그 아버지 모용외를 비롯한 선비족의 조상들은 조선의 옛 땅을 근거지로 성장 발전했으며, 조선은 역사적으로 문화적으로 모용씨慕容氏와 깊이 관련되어 있었기 때문에 전공을 세운 그에게 보답하는 의미에서 특별히 조선공을 봉했다고 보는 것이 합리적인 해석일 것이다.

그동안 식민사관은 대동강 유역에 낙랑군이 있었고 조선현이 거기에 수현으로서 존재했다고 주장해 왔다. 그러나 서랍목륜하 유역에서 활동하며 전공을 세운 모용황에게 아무런 연고나 관련도 없는 수천 리 떨어진 조선현을 떼어서 그에게 봉지로 준다는 것은 상식적으로 납득하기 어려운 일이다.

　지금으로부터 1689년 전인 서기 325년 요서의 창려
사람 선비족 모용황에게 조선공을 봉했다는 『진서晉書』
「재기載記」 <모용황전>의 기록은 당시 고조선이 대동
강 유역이 아닌 요서에 있었다는 것을 밝혀주는 결정적
단서로서 이는 잃어버린 요서고조선을 되찾는 데 매우
중요한 의미가 있다고 할 것이다.

　5. 조선국朝鮮國과 고조선

　상고사를 연구하는 데 있어서 금석문만큼 중요한 사
료는 없다. 문헌사료는 뒤에 얼마든지 내용의 위·변조
가 가능하지만 금석문은 한번 글자를 새겨 넣은 다음에
는 위조나 변조가 용이하지 않기 때문이다.

　두로공신도비豆盧公神道碑는 중국 남북조시대에 북주에
서 농우총관부장사隴右總管府長史를 역임하고 태자소보太子
少保에 증직贈職된 두로영은공豆盧永恩公의 신도비를 말한
다. 두로영은의 본래 성은 모용慕容이고 두로은豆盧恩으
로도 불렸다. 그래서 또 두로은비豆盧恩碑 · 모용은비慕容恩
碑로 일컬어지기도 한다.

비문의 저자는 위진 남북조시대의 대표적인 문인이었던 유신庾信이다. 비문은 유신의 문집인 『유자산집庾子山集』에 수록되어 오늘에 전한다. 뿐만 아니라 그때 세운 비석이 지금까지 보존되어 중국 섬서성의 함양박물관에 보관되어 있다.

필자는 함양박물관을 방문하여 비석의 보존상태를 살펴본 일이 있다. 비의 상단이 일부 파손된 것을 제외하고는 보존상태는 비교적 양호하였으며 또 많은 부분에서 글자의 판독이 가능하였다.

1500년 전에 세웠던 비석이 오늘까지 이렇게 잘 보존될 수 있었던 것은 두로영은의 비가 비문碑文과 서법書法이 모두 정묘하여 역사상에서 문인과 서법가書法家들의 애호를 받아왔던 데서 그 원인을 찾을 수 있다.

두로영은은 전연의 개국황제 모용황의 후예이다. 그런데 오늘날 우리가 1500년 전 요서에서 활동한 선비족 두로영은의 신도비문을 주목하는 까닭은 요서에 있었던 고조선국古朝鮮國의 실체를 알려주는 결정적인 내용이 이 비문에 포함되어 있기 때문이다.

"조선건국朝鮮建國 고죽위군孤竹爲君", 이것은 두로공신도비문豆盧公神道碑文에 나오는 명문銘文의 첫 귀절이다. 명문은 비문의 앞부분에서 장황하게 산문체로 서술한 내용을 간단히 축약하는 성격을 지닌다.

요서에 있던 조선국과 고죽국은 모용씨가 세운 연나라의 건국과 통치의 중심이 되었다. 그래서 그것을 "조선건국朝鮮建國 고죽위군孤竹爲君"이라고 요약한 것이다.

모용선비慕容鮮卑의 주요 활동 지역은 진한秦漢시대의 요서와 요동, 그리고 하북성 서북과 중부 지역까지를 포괄했다. 이 지역은 바로 이른바 고조선이 건국을 했고 고죽국이 통치를 했으며 한무제가 한사군漢四郡을 설치했던 곳이다. 그래서 모용선비의 역사를 이야기하면서 "조선건국과 고죽위군"이라는 말을 하게 된 것이다.

두로영은의 신도비문은 북주 천화天和 원년(566) 2월에 각자刻字하여 두로영은의 묘소 앞에 세운 것으로 되어 있다. 시기적으로 볼 때 『삼국사기』·『삼국유사』를 저술한 것보다 이 비문의 저작 연대가 대략 700년가량 앞선다. 그렇다면 김부식과 일연은 과연 이 비문의 존재를 진정 알지 못해서 그들의 저서에서 한마디도 언급하지 않은 것일까. 혹시 우리가 알 수 없는 어떤 내막이 숨겨져 있는 것은 아닐까.

1500년 전 선비족 두로영은의 신도비문에 나오는 "조선건국 고죽위군"은 글자는 비록 여덟 자밖에 안 되는 짧은 문장에 불과하지만 요서에서 고조선이 건국을 하였다는 사실을 그 어떤 자료보다도 확실하게 대변해주고 있다.

요서에서 활동한 선비족 두로영은의 비문에 나오는 "조선건국 고죽위군"이라는 문구가 일찍이 『삼국사기』·『삼국유사』에 인용이 안 된 것은 천추에 한스러운 일이지만 지금이라도 베일을 벗고 우리 앞에 정체를 드러낸 것은 한국사의 재정립이라는 차원에서 볼 때 한편으론 천만 다행이 아닐 수 없다.

두로영은의 비문이야말로 영원히 잃어버린 줄로만 알았던 요서고조선을 21세기에 다시 되찾게 해준 일등공신이다. 상고사는 사료가 생명이라는 사실을 이런 데서 실감하지 않을 수 없다고 하겠다.

4. 고조선은 우리에게 무엇인가

1. 고조선과 세월호 참사

세월호 참사는 단군 이래 한국인을 가장 부끄럽게 만든 대참사이다. 한국이 경제적으로 선진이라고 하지만, 정신적 도덕적으로 후진이라는 것을 적나라하게 보여준 단적인 사례이다.

이러한 사태를 불러온 원인을 찾아보면 우리 한국인들의 역사의식의 결여와 철학의 빈곤, 특히 역사의식의 결여가 가장 근본적인 원인이라고 생각된다.

역사의식이 결여된 국민은 긴 안목에서 사물을 바라보는 혜안이 부족하다. 그러므로 매사에 근시안적이고 향락중심주의를 지향한다. 민족에 대한 긍지나 자부심이 없기 때문에 애국·애족과는 거리가 먼 행동을 하게 되고 공존공영의 도덕의식도 약화된다.

우리민족이 한·중·일 삼국 중에서 역사의식이 가장 빈약하다고 할 수 있는데 그것은 일제가 왜곡한 한국사를 광복하지 않고 식민사관을 오늘에 그대로 계승한 것과 관련이 있다.

단절·축소·왜곡으로 상징되는 식민사관을 극복하고 우리역사를 바로 세우는 길은 일제가 가장 악랄한 수단을 동원하여 망가뜨린 우리역사의 뿌리, 고조선의 역사를 바로 세우는 데 있다.

고조선의 정신은 홍익인간 정신이고 고조선의 사회는 홍익인간 사회였다. 고조선은 화해와 협력의 숭고한 홍익인간 이념에 기초하여 평화로운 국가를 세계역사상 유례가 없는 2천년 동안을 유지하였다.

로마보다 위대하고 한漢나라 왕조보다 찬란했던 우리민족의 긍지와 자존심의 상징인 고조선을 바로 세운다면 죽어 있던 민족의 정기는 자연히 되살아나게 된다. 민족정기가 충만하고 역사의식이 투철해지면 우리국민은 한·중·일 삼국 중에서 역사에 대한 자긍심이 가장 강한 나라로 변모될 것이다.

그렇게 된다면 제2, 제3의 세월호 참사는 저절로 미연에 방지가 될 것이며 한국 사회는 경제적으로 풍요하고 정신적으로 건강한 홍익인간 사회로 차츰 거듭나게 될 것이다.

요즘 거리 곳곳에 "미안해요 잊지 않을게요"라고 적힌 문구가 쓰여 있는 것을 보게 된다. 세월호 참사자에 대하 미안하다는 말이 공염불이 되지 않기 위해서는 구이九夷가 대화합을 이루어 2천년 동안 평화롭게 공존했던 고조선의 홍익인간 정신을 부활시켜 홍익인간 사회를 건설하는 것이 그 답이다. 그러므로 고조선은 우리에게 세월호 참사와 무관한 지나가버린 죽은 과거가 아니라 오늘의 사회에 새로운 희망을 가져다줄 수 있는 미래로 열린 창인 것이다.

2. 고조선과 창조경제

창조경제는 박근혜정부가 내세운 구호다. 얼핏 보기에 고조선과 창조경제는 전혀 무관한 것처럼 보인다.

그러나 이 양자는 무관하지 않다.

창조란 과거에 없던 것을 새로 만들어내는 것을 말한다. 그러나 온고지신溫故知新이란 말에서 보듯이 새로운 것은 언제나 어느날 갑자기 불쑥 튀어나오는 것이 아니라 과거의 경험과 지식의 축적 속에서 탄생한다.

창조경제라는 용어를 두고 두 가지 측면에서 생각해 볼 수 있다. 하나는 기존의 시장경제 논리에 바탕을 둔 자본주의 경제체제와 다른 인간이 중심이 된 홍익인간 경제체제의 창조를 예상할 수 있다.

부의 극단적 양극화를 초래한 자본주의는 인류에게 물질적 풍요는 해결해 주었지만 정신적 행복을 가져다 주는 데는 실패하였다. 위기의 자본주의를 구출하는 데 고조선의 홍익자본주의가 대안이 될 수 있다. 그런 점에서 한국사회가 인간을 널리 이롭게 하는 것을 목표로 하는 고조선의 홍익인간 자본주의 체제를 추구하여 이를 이론적 제도적으로 정착시킨다면 그것은 분명 창조경제 체제라고 말할 수 있다.

다른 하나는 현행 시장경제 체제를 유지하면서 그 안에서 새로운 출로를 모색하는 경우를 예상해 볼 수 있다. 지금까지와는 전혀 다른 차원의 창조적인 제품이나 상품을 만들어서 경제를 활성화시킴으로써 정체된 경제를 되살리는 것을 말한다. 이 경우의 창조경제는 체제가 아니라 창조적인 상품에 주안점을 두는 창조경제를 지칭하게 된다.

그러나 후자의 경우에도 경제행위의 주체가 되는 것은 역시 인간이다. 상품이나 제품을 만드는 것은 인간이므로 일등상품 일등제품을 만들기를 원한다면 인간의 품질을 그러한 차원으로 제고시키지 않으면 안 된다. 일등국민이 아니면 일등국가를 건설할 수 없듯이 일류인간이 아니면 일류제품을 생산할 수가 없는 것이다.

한국 국민의 민도民度가 어떠한지는 세월호 참사가 여실히 보여주었다. 이런 국민적 민도를 가지고 창조경제를 운위한다면 그것은 참새 알에서 봉황의 새끼가 부화하기를 바라는 것이나 크게 다를 바 없다. 한국사회가 지금 정체된 경제를 일으켜 창조경제를 실현시키기 위해서는 타락한 정신적 도덕적 수준을 높여 국민의 질적 수준을 제고시키는 것이 선결과제이다.

우리 국민의 질적 수준을 제고시키는 데 있어 고조선의 홍익인간 정신만큼 훌륭한 것은 없다. 고조선의 홍

익인간 정신은 박근혜정부가 내세우는 창조경제가, 새
로운 경제체제의 창조를 의미하는 것이든 아니면 창조
적인 제품의 생산을 통한 경제의 활성화를 의미하는 것
이든 그것이 지닌 중요한 가치에는 차이가 없다. 그러
므로 고조선 정신은 창조경제와 무관한 것이 아니라 창
조경제의 핵심과제요 선결과제가 되는 것이다.

3. 고조선과 동서화합

한국사회는 지금 이념간·지역간·계층간·세대간의 갈
등이 고조되어 복합갈등 현상을 빚고 있다. 갈등은 어
느 사회나 있게 마련이다. 그런데 특히 오늘의 한국사
회가 이처럼 복합갈등이라는 중병을 앓고 있는 이유는
어디에 있는가.

역사의식의 결여로 인한 민족정체성 갈등에서 그 원
인을 찾을 수 있다. 역사의식의 결여가 애국심·자긍심·
동족의식의 결여를 낳고 그러한 민족정체성의 갈등이
원인이 되어 오늘날 복합갈등이라는 불행한 사태를 몰
고 온 것이다. 그리고 우리민족의 그러한 정체성 갈등
의 배후에는 일제의 식민사관과 그것이 남긴 심각한 후
유증이 있다.

그러므로 한국사회가 오늘의 갈등을 넘어 화해와 협력의 새 시대로 나아가기 위해서는 이념·계층·지역·세대를 뛰어넘어 우리는 한 뿌리에서 갈라져 나온 피를 나눈 형제요 동족이요 동포라는 역사의식을 강화해야 한다.

고조선은 한국사의 뿌리에 해당한다. 홍익인간이라는 숭고한 건국이념을 바탕으로 아홉 개의 이夷족이 대화합을 이루어 세계역사상 유례가 없는 2천년 동안 평화로운 왕정을 유지한 것이 바로 고조선이다. 우리가 고조선의 홍익인간 정신을 배운다면 한국사회가 오늘의 복합갈등현상을 극복하고 동서가 화합하는 새로운 장으로 나아갈 수 있을 것이다.

4. 고조선과 남북통일

2차 대전 이후 네 개의 분단국가가 있었다. 월남·독일·중국·한국이 그것이다. 그러나 월남과 독일은 이미 통일되었다. 양국 국민의 자유로운 왕래가 가능한 중국과 대만 또한 분단국가라고 말하기 어렵다. 이산가족의 왕래마저 허락되지 않는 우리 한국은 세계의 마지막 분단국가인 셈이다.

우리가 분단을 넘어 통일로 가기 위해서는 민족 분열의 시작에 해당하는 고구려·백제·신라의 역사가 아닌 세계에서 유례를 찾아보기 힘든 밝달민족 대화합의 역사 고조선 2천년을 되찾아 국사교과서에서 가르쳐야 한다. 고조선의 홍익인간 정신으로 남북한 국민이 진정 마음에서 하나가 될 때 남북을 가르는 분계선인 38선은 썩은 새끼줄에 불과하게 될 것이다.

5. 고조선과 동북공정

19세기의 이념경쟁, 20세기의 경제경쟁 시대를 지나 21세기는 바야흐로 역사전쟁 시대에 접어들었고 우리는 그 중심에 서 있다. 한국의 역사 주권을 침탈하기 위해 벌인 중국의 동북공정은 공식적으로는 마무리된 상태다. 하지만 내용적으로는 현재 진행형이다. 그 대응 여부에 따라 앞으로 10년~20년 후 한국의 운명이 좌우될 수 있다

그런데 중국의 동북공정은 사실 새삼스러운 것이 아

니라 일제 식민사관의 연장선상에 있다. 우리가 광복 이후 반도사관에서 벗어나, 대륙의 동북방을 지배한 요서고조선의 역사를 체계적으로 정립하였더라면 동북공정은 태어나지도 않았을 것이다.

따라서 지금이라도 서둘러 대동강 낙랑설 중심의 식민사관을 타파하고 동북아시아를 지배했던 위대한 제국 요서고조선의 역사를 새롭게 연구 정립해야 한다. 그리하여 일반 국민과 학생들에게 제대로 교육하고 세계에 널리 홍보한다면 그것이 동북공정에 대응하는 최상의 방법이 될 것이다

5. 앞으로 남은 과제

1. 역사학의 혁명

명나라에 대한 사대에 충실하며 정체성이 약했던 조선왕조는 100년 전 결국 일제에 의해 나라가 망했다. 우리민족 5천년 역사상에서 이민족에게 주권을 빼앗긴 것은 이때가 유일했다. 중국의 한족이 중원을 지배하던 시기에 다른 이민족이 중원을 침략하여 지배한 경우가 비일비재했던 것과는 좋은 대조를 이룬다.

역사 선진국인 조선을 멸망시킨 일제는 조선의 민족정기를 말살하여 식민통치를 장기화하기 위해서 조선의 역사를 날조 왜곡한 식민사관을 형성했는데, 그 식민사관의 핵심은 우리역사의 뿌리인 고조선사를 단절·축소·왜곡시키는 것이었다.

단군조선을 신화, 기자조선을 허구로 치부하여 고조선 역사의 길이를 2천년을 잘라냈고, 대동강 유역에 한사군이 있었다는 '대동강 낙랑설'을 내세워 고조선 역사의 폭을 압록강 이남으로 축소했다. 그리고 위만조선을 조선민족의 최초의 국가로 내세우면서 조선민족은 자율적으로는 발전할 수 없는 출발부터 타민족의 식민통치를 받은 낙후된 민족이라는 논리를 내세워 우리민족을 열등민족으로 왜곡시켰다.

일제의 조선민족 말살 정책에 기초한 이런 한심하기 짝이 없는 단절·축소·왜곡의 식민사학 이론이 광복 70년이 다 되어 가는 지금 대한민국에서 불식되기는커녕 통설이란 이름으로 여전히 주류 행세를 하고 있다.

현재 한국사학계의 통설은 단군조선은 만들어진 신화요, 기자조선은 허구라고 주장하여 사실상 고조선의 실체를 부정하고 있으며 중국 연나라 사람 위만이 세운 위만조선을 실제 한국사의 출발점으로 인정하고 있다.

그리고 대동강 유역에 한사군의 낙랑군이 있었고 위만이 조선으로 올 때 건너온 패수가 청천강, 또는 압록강이라는 논리가 아직도 힘을 발휘하고 있다.

무엇보다도 한심하기 짝이 없는 이런 엉터리 내용들이 교과서에 실려 한국의 내일을 짊어지고 나갈 청소년들에게 가르쳐지고 있다는 데 문제의 심각성이 있다. 도대체 대한민국 사학계가 주장하는 통설의 논리와 일제가 식민통치를 영구화하기 위해 내세운 식민사학의 논리가 무엇이 다른가.

우리에게는 지금 경제혁명·정치혁명을 넘어 역사학의 혁명을 통한 민족정기의 회복이 시대적인 과제로 대두되어 있다 하겠다.

2. 대통령 산하 역사문화특위 신설

한국사의 단절·축소·왜곡으로 상징되는 식민사학의 청산, 바른 역사의 재정립, 역사교과서의 개정, 동북공정의 대응 등 실로 국가적 차원에서 시급히 해결해야 할 역사문화 분야의 현안들이 산적해 있다.

이러한 문제들을 효율적으로 처리하기 위해서는 대통령 산하에 역사문화특위를 설치해야 한다. 그래서 박정희 전대통령이 60년대 경제개혁 5개년 계획을 수립, 경제혁명을 이룩했던 것처럼 이제는 역사문화개혁 5개년 계획을 세워 역사학의 혁명을 실현해야 할 것이다.

3. 국립고조선연구소 설립

고조선의 홍익인간 건국이념, 2천년 왕조를 유지한 고조선민족 대화합의 정신, 여신을 모신 사당, 하늘에 제사지내는 원형 제단, 돌무더기를 쌓아 만든 적석총으로 상징되는 요서고조선의 홍산문화 유적 등 동아시아 문명을 창조하는 데 주역을 담당해온 고조선 문명의 체계적인 연구가 절실하다. 고조선에 관한 문헌적 고고학적 사료를 집대성하고 그 기초 위에서 고조선문화사대계를 편찬하는 사업이 시급하다.

고조선 연구를 체계화하고 전문가를 양성하기 위해서는 국립고조선연구소와 같은 독창적인 기구의 설립이 요청된다. 국립발레단이 있는 나라에서 국립고조선연구소 하나 없다는 것은 형평성에 맞지 않다.

4. 국사교과서 개정

일제는 역사왜곡을 통해 고조선의 장원한 2천년 역사를 위만조선 이후로 단절시켰고 만리장성 이남의 대륙 영토를 압록강 이남의 한반도로 축소시켰다. 그리고 화합으로 열어온 자랑스러운 역사를 당쟁과 분열을 일삼는 부끄러운 역사로 왜곡시켰다. 그런데 이러한 일제강점기의 식민사관이 학계의 통설이란 이름으로 현재 한국 중·고등학교 국사교과서에 그대로 반영되어 있다.

이병도 등이 주장한 대동강 낙랑설이 학계의 정설로 인정되어 이를 바탕으로 한국의 국사교과서가 서술되어 있는 상태다. 따라서 고조선과 고구려의 활동무대가 모두 대륙과는 무관한 대동강 압록강 유역으로 한정되어 있다.

일제의 식민사관을 중심으로 기술되어 요서조선·요서고구려·요서백제의 역사가 빠져버린 이와 같은 교과서를 가지고 공부한 한국의 청소년들은 역사교육을 통해 민족혼이 되살아나기는커녕 오히려 민족정기가 말살되는 역효과를 가져오고 있다.

그동안 재야사학계는 『한단고기』를 바탕으로 식민사관의 타파를 꾸준히 외쳐왔지만 그것은 위서라는 이유로 부정되었다. 그러나 이제 한·중·일 삼국이 인정하는 정사사료인 『사고전서』에서 요서고조선·요서낙랑에 관한 수많은 기록들이 새롭게 발굴되었다. 이제 우리는 이러한 새로운 사료를 바탕으로 새로운 국사교과서를 만들어야 할 시점에 와 있는 것이다.

5. 각 대학 국사학과에 고조선 강좌 개설

한국사에서 고조선사 연구가 너무 취약하다. 이는 그동안 식민사학의 영향으로 고조선사를 실제 역사에서 제외시켜온 것과 관련이 있다.

현재 역사학자를 배양하는 각 대학 국사학과에서 고조선 강좌를 개설하고 있는 대학은 단 한 군데도 없다. 그동안은 자료가 부족하다는 것을 핑계로 고조선 강좌를 국사 강의에서 제외시켰을 수 있다. 그러나 이제는 한 페이지짜리『삼국유사』고조선 조항이 가장 오래된 고조선 사료로 여겨지던 때와는 상황이 완전히 달라졌다.

『사고전서』중에서 동이·고조선·낙랑 등 우리 상고사 관련 사료를 발췌하여 500페이지짜리 4권으로 구성된 방대한『동이사료집東夷史料集』이 출간된 것은 이미 10년 전의 일이다.

최근에는『사고전서 사료로 보는 한사군의 낙랑』이 발간되었고 이번에는 또『잃어버린 상고사 되찾은 고조선』이라는 책이 간행되게 된다. 이들 저서는 고조선·한사군 등에 관해 모두 새로 발굴된 정사사료를 바탕으로 기술된 것이다.

이제는 중국의 정사사료에 의해서 『삼국사기』·『삼국
유사』보다 연대가 앞선 다수의 고조선 사료가 확보된
이상 고조선사를 체계적으로 연구·교육할 수 있는 토
대가 충분히 구축되었다고 본다.

서울대 국사학과를 비롯해서 각 대학의 역사학과의
커리큘럼에 고조선 강의를 포함시켜 고조선 교육을 강
화함으로써 적어도 고조선연구로 석·박사학위를 받은
전공자 500명은 배양해 내야 한다. 그래야 역사 선진국
한국의 체면이 선다. 동아시아의 역사문화를 창조하는
데 주역을 담당한 고조선이 바로 서면 중국의 동북공정
은 저절로 설자리를 잃게 된다.

6. 국사편찬위원회·동북아역사재단 등 고조선
   연구인력 배치

고조선은 한국사의 출발점이다. 그런데 국민의 세금
으로 한국사편찬을 전담하는 국사편찬위원회, 동북공정
대응을 목표로 국가기구로 출범한 동북아역사재단에
고조선을 연구하는 전문 인력이 한 명도 없다는 것이
말이 되는가. 이는 우리 스스로 고조선을 우리 역사로

인정하기를 거부한다는 반증이자 일제 식민사학이 말살한 고조선이 광복 70여 년이 다 된 지금까지도 광복되지 않았다는 명백한 증거이다. 고조선 전문 인력을 서둘러 배치하고 고조선 연구를 대폭 강화해야 한다.

역사가 바로 서야 나라가 바로 선다. 앞으로 남은 과제들이 잘 추진되어 역사가 바로 선 대한민국이 조속히 구현되기를 기대한다.

부록

『고조선사기古朝鮮史記』 관련 자료

1.『조선기朝鮮記』에 대해 언급하고 있는
중국의 여러 문헌들

　　송나라 사람으로『노사路史』의 저자인 나필羅泌과 청나라 때 학자로『산해경광주山海經廣注』의 저자인 오임신吳任臣은『산해경』말미에 수록되어 있는『대황경大荒經』과『해내경海內經』은『산해경』과 별개의 독자적인 저술로 보았다. 이는 고조선의 역사를 기술한『고조선사기古朝鮮史記』인데 뒤에 중국 학자들이 잘못 판단하여『산해경』안에 포함시키게 되었다는 것이 저들의 주장이다.

　　우리나라에는 현재 고구려·백제·신라의 역사를 기술한『삼국사기三國史記』와『삼국유사三國遺事』는 있어도 고조선의 역사를 직접 다룬『고조선사기』는 없는 실정이다. 그러나 송나라 나필과 청나라 오임신의 주장처럼『대황경』과『해내경』이 고조선의『사기』라고 한다면 우리는 그동안 잃어버렸던 고조선의 직접 사료를 되찾게 되는 셈이다.

『사고전서四庫全書』에 수록된 정사사료 중에는 나필과 오임신 이외에도 『해내경』·『대황경』이 고조선의 역사를 직접 기록한 『고조선사기』라고 언급한 여러 문헌들을 발견할 수가 있다. 독자의 참고를 위해 그 내용을 발췌하여 다음과 같이 전재한다.

『노사路史』

史部/別史類/路史/卷三

不免乎凶惟其中之不可失也雖然中庸之德民鮮
久矣自漢諸儒取過不及之說類之孔伋之書世遂
泥於過與不及之亡求之中求之其統矣夫夫子之於中
無過也有不及而已致廣大極高明夫執得而過邪
冉相之道玆所以寂寥希濶而不繼之豈不
聖人人倫之至所以為君盡君道欲為臣盡臣道
盡倫盡制豈過不及之云為而彼偫者附誠明假權
變繳繞呫囁以綱其姻而濟其姦豈惟無忌憚哉其

欽定四庫全書　路史卷三

盖盈氏
相氏而為中庸泚也
不至於幸小人而病君子亦已矣此予之所以贊冉
若水之間禺中之地禺水之間地當川蜀在西南明易
盖盈氏之詳為有揮說有蓋盈之丘盖盈氏之虛也〔朝鮮內〕易
記〔南海盖〕之丘昆吾之國丘黑白之丘神民之丘以水叔絡得
大敦氏
吾亦之陶流唐蓋昆之丘昆吾之國丘黑白之丘神民之丘

史部/別史類/路史/卷十三

又世皆上逼百年而其子孫無知及于百年炎帝器器生及
伯陵祝庸封山又海經炎帝祝庸鉅為黃帝師胙土命氏而
為封鉅夏有封父為封父本北本封至周失國有封氏鉅氏為黃
帝臣封逢氏富始于齊先世實大夫為河南鉅至帝炎帝代伯陵為黃
妊伯陵之後爽鳩之孫逢公在所憑神耳太說逢之氏之孫周語伯陵諸侯之
義之孫高陽顓頊之妄在所憑常者為夏伯諸侯為夏伯諸侯非之
三子曰吳曰鼓曰延延始為〔記朝鮮〕〔炅戕後出臣堯云〕

欽定四庫全書　路史卷十三

二鼓兗頭而紕亂氏鼓藏子山與延同事是始樂風為
編鍾生靈忿愬生氏氏人山羌海記傳氏人多能上草于天
繆有逢氏延氏氏齊氏為黃帝司徒居于江水生術器
觀氏擒人齊帥鍾留齊萬年孟祝庸黃帝司徒于江水生術器
為祖共工之外子脩壞遠風俗通皆神句龍為后土
龍時廟蕲春猛獸月其山居下治有句能平九州是社祀
以不棄代柱而功句龍為社不易改盖後察法水土外之傳神言功商初及稷

부록·『고조선사기古朝鮮史記』 관련 자료　255

氏射氏宇文氏大野氏謝懿為大海公三輔錄云宇後文末賜

其土伯定申伯之宅徹後有宇氏申氏申叔氏申謝

入鄉而楚蝕其壤宣王開元舅伯于謝既入于謝鄯命鄯

者出齊茖氏楊氏與符氏居成池同周初復泰嶽後于申申伯

氏革夏伐氏氏人來朝帖白其別為青白馬之三氏後有

也伯夷僉爾太史公不應以四嶽為一人韋昭以子為西嶽為

或襲僉爾太史公不應以四嶽為一人韋昭以子為西嶽為

四嶽曰言僉曰言伯夷按書一傳伯夷以

欽定四庫全書　卷路史十三

即伯夷始繹明矣故子晉朝鮮記云從孫四嶽佐書謂

歲十二泰嶽襲呂餘列申許羲代有許縣夷泰嶽按世謂伯

安州矣者俱生噎鳴是為伯夷為虞心呂且功於水封呂生

云伯為後官者共工以父誤五十夫高陽云生

龍工盖漢事堯儒執有山海經子以誤諸侯者自誤王祭法信國者伯益後而句四

為堯共工不貴獨功葬不距之山句龍者共工生而句傳

丹朱有句氏句龍氏作鄧姓改系從近勾垂臣高辛

遷見有句龍故湯之輕易而生垂及信信生夸父夸父以駭臣高辛

以親為紂之庶兄皆無正文以言之紂大之傳云伏羲子虞不杜預不忍

之朝鮮以道義化其民為君子之國紂不親家戚云箕外子

事紂仍諫不入陽狂為奴紂敗因釋為武王陳洪範去

箕伯良直碑云衰本陳逡封陳逡後虞思後箕之後箕子

逡逡世守之後齊所滅正莊公及十二俗通云箕滅封之左

也名並記詳夏之世有箕伯直柄中袞成湯實之于

餘姚上虞濮陽餘西虞蒲衛甄潘鄀息有何母輄

歌舞始圭胡負逐盧廬衡山長沙皆其裔

八愷始圭皐降其陶陸終黃熊氏有扈氏為陶唐

欽定四庫全書　卷路史二十一

子七人皆降於齊人世紀云虞夏之制朝鮮記云諸舜有疎子封

號二懿之堯非堯爾曾欲女作妃黃陵碑司馬言時發揮辨天祐舜冢為舜靈中庶

照百里是為湘之神大澤謂百里曰宵明日燭光處河大澤靈之光

孫象次妃癸比生二女日宵明日燭光河大澤靈之光

厥後君惟專樂臣爭于權民盡于利而已以見虞思妻少康

于商是為商均均子均子于虞虞思少康

耳其女營生義及季釐季釐封緡為桀所克義鈞舉舜

于虞氏即舜也豈可位立爲鄗二女觀舜之德佃仍云以婦道

以虞氏舜即也位立爲鄗二女舜爲之德佃仍云以婦道嫡

欽定四庫全書

路史卷二十二　　宋　羅泌　撰

後紀十三

疏仡紀

夏后氏

帝禹　有熊氏

　盟鍾夏后用古有夏后氏
　帝嘻嗃堂集古云有夏后
　呼論夏之父名禹始姒姓名禹按
　君道用夏始與猶未胲王尊加命雲
　為論後禹名禹故按正臺
　　　　　　共周廟諡革議夏后氏

子而烏開元前　姒姓名禹
新金　　禹　　曰夏上云荒音禹作大
自始夏稱　　　之後禹而必
伯禹　　　　　　夏光昭
號曰大後禹一禮禹告而
故碑孟見子按放懸之後禹而
文堯命曰之放勳則乃
命之説湯曰成功湯伯
　　　　　　　成然
族譜讓孫之世按本漢律以志及
陽五世孫之世按本漢律以志及
生駱命明生白馬生鮮海記內
山廣柔人也汶見川子縣雲蜀廣記柔也故茂縣城後在周世記矢其皆世謂是為伯陽高孫故世統失其先出于高陽高陽字熙汶西山郡嬌直

欽定四庫全書

路史卷三十六

張樂成于洞庭

鮮記云沙零陵界方蒼梧其中九疑所
古出秦漢矣當訊之大傳符子之書虞遜禹在洞庭
端坐舟舟乘空而至南方之國八十龍之門泛昭回之
特詔立石亦謂故集傳錄言帝得脩身之道治國之要瞑目
洞庭而樂韶石亦既遜位而歸國矣崩九疑後十八禹皆乃
之後世逐以為虞帝之墳邪山海經古出書失攷也弟九疑南舜所葬海首零陵在長內朝多
也而九疑山記亦謂商均徙此因葬野望韶石而九奏則帝蓋履
也大荒南經云赤水之東蒼梧之野舜之所葬
旁廟立六廟井京七百七十園至恂里各有考便殿寢不然商均窆
所封崇爾漢惠帝元年令諸俟王立高廟今山宗國園

河其中有九疑山焉歴數既往商理玆山是則九疑之
游特夢想之所屆者是以蔡雖九碑且謂今無復墓然則蒼梧之藏有
升而胡曾九疑碑圖今無墓誕知所去蓋嵩鹿河中之壙焉
其語而已矣真飛源賦蒼梧南狩走莫然則蒼梧之藏有
可誣也世遂論墨而諸生若信蒼梧之言為出于經而

『산서통지山西通志』

史部/地理類/都會郡縣之屬/山西通志/卷一百二十九

孔子嘗觀夏道得其四時之書而歎美之

范承光郭哀胥禹臣為禹御登覆補復臣下龍門遂

周行天下東造絕迹西延積石南逾赤岸北過元谷

而裴回乎昆侖焉

任奚仲夏車正也升物以時五材皆良乃創鉤車建綏

任吉光奚仲子也佐治車正事

施夏后氏封之於薛加牛奚仲志初黃帝命為車正

相土契後佐奚仲治車正事始為乘肇用六馬蘇是登

降有截而遐荒胥懬厥績懬懬商頌之曰相土烈

烈海外有截路史相土克成商業入為王官出長諸

欽定四庫全書　▲山西通志卷一百二十九

侯

泰嶽伯夷子伯夷封呂既辛泰嶽襲焉云見路史

夷之世謂即泰嶽即伯為伯夷始綠于伏氏故按朝鮮記云共工佐從夷伯注

佐孫四嶽

在子業既子黥季窬然胥夏臣皋陶之佐也

東里槐路史夏后臣有東里槐

『지유識遺』

子部/雜家類/雜考之屬/識遺/卷四

聖賢綱常之變

娶妻必告父母而舜不得告禮記言舜自三帝妃注謂四天妃有

命法天八舉代也三但黃孫曰一女英堯皇一娥皇故自帝妃注謂四天妃未余黃

按帝堯於父也舜但黃孫曰舜妃女揚側微一一堯缺倫微偷孟女黃

起子寒微發況別類曰為典瞽叟虞舜豈帝缺舜正妃從母上繹之舜黃余

帝而皆循習之世族娀誤也黃子女紀紀則側微孫正妃黃

曰孟堯長淮考南子皆監明之盡故誤後九子舜云則漢代祖舜舜

賢子二宗聖如此公何心朱初不一他計子舍之君否也君臣朝鮮記云漢代祖舜舜

欽定四庫全書　▲識遺卷四

武取桀紂兄弟同氣而周公誅夫婦人道之始而

仲尼思孟子皆出妻孟氏三世出妻見禮記家語父

子情之至親而孟子不責善言易子教之後世昏庸之

君不足論賢明如漢文帝唐太宗宋太宗理宗不足於

兄弟漢武帝宋文帝孝宗不足於父子漢光武宋仁

宗不足於夫婦

送終不讓

世俗殤羽毛鱗介譖近之嫌人物澗也按古不然禮

『설략說略』

子部/類書類/說略/卷七

韓愈非其**說**曰地傾東南南巡巡非陟也陟者升也方
陟方乃死**說**者以陟方以死
皇肆武帝南巡零陵之崩桂林蠻賊而化歸瘞至比妄矣始
恨也王充謂舜禹知幾以治水死矣然於外按舜因以天水平已事云
李白云重瞳孤墳竟何是則虞帝之**家**不明自昔以為
蒼梧莫知所去鹿同飛河中之壖焉可誣也世遠論客
圖且謂今無復墓然則蒼梧之藏有其語而已矣賦云源
屆者是以蔡邕九疑碑乃云解體而升而胡曾九疑碑

欽定四庫全書　卷七　說略

山焉**歷**數**既徃**歸理玆山是則九疑之游特夢想之所
而至南方之國入十龍之門泛昭回之河其中有九疑
錄言帝得修身之道治國之要瞑目端坐冉冉乘空
仙界言帝得修身之道治國之要瞑目端坐冉冉乘空集
亦**既**遜位而歸國矣石禹聲特立亦謂之崩九韶石皆故集
之野於是望詔石而九奏則帝蓋嘗履洞庭而樂成於洞庭石
又攷大傳符子之書虞帝遜禹於洞庭
陵云南方之蒼梧之野其後人所增長沙零陵名出秦漢非古也明也
之後遂逐以**為**虞帝墳耶山海經決後世不攷書也第古按海內朝鮮記

『광박물지廣博物志』

子部/類書類/廣博物志/卷三十三

夏后氏孔甲田於東陽萯山天大風晦盲孔甲迷惑入
商紂無道比干知死作秣馬金闕之歌記
湯命伊尹作大濩歌晨露呂氏春秋
夏桀辛於亭山禁絃歌舞紀年書
得始歌九招經山海
以歌又曰於下義具辯見於歸歌此藏穆天之野高二千仞開焉
九歌以下皆開於樂名也九開與帝辯同宮之序用是為九
龍名曰夏后開開上三嬪於天美嬪女也言啟上天獻得九辯與

欽定四庫全書　卷三十三　廣博物志

西南海之外赤水之南流沙之西有人珥兩青蛇乘兩
舜有子八人始歌舞　**記朝鮮**
而作歌操琴
舜耕歷山思慕父母見鳩與母俱飛相哺盒以感思因
下歌以
文中子聞之曰薛方士知禮矣然猶在君子之後乎說中
裴嘉有婚會薛方士預焉酒中而樂作方士非之而出
用黃鍾詔下公卿議從之隋

史部/地理類/雜記之屬/江漢叢談/卷一

疑之墓或象塚耳不然商均之東蒼梧之野舜子商均之所葬也而元次山結九疑山圖記亦謂商均之窆其陰豈商均徙此因葬之而後世遂以爲舜陵邪漢章帝時零陵文學奚景於泠道舜祠下得笙白玉之琯十二故呂氏不韋春秋戴延商均則得白玉之琯遂傳流零陵邪又按舜陵載在山海經者非一説也海內南經蒼梧山帝舜葬其陽又大陵上虞衡山江華等國各錫寶器如成周錫封之制而寶器明矣胡爲平藏於零陵哉無乃帝舜諸子分封巴位西王母使胡獻白玉琯以和八風則白玉之琯爲舜之

欽定四庫全書　卷一　江漢叢談

舜玉琯注云西王母神也曾伯端儵集仙錄亦云舜在通陳晉之賜樂書范蔚宗後漢書皆言昔西王母獻禮記子賤尚書大傳許叔重慎説文應仲遠勱風俗荒南經帝舜葬於岳山又海內北經有舜臺即陵也又海內朝鮮記南方蒼梧北葬在長沙零陵界中夫山海經世稱伯益作而長沙零之所

子部/雜家類/雜考之屬/疑耀/卷一

陵界中夫山海經世稱伯益作而長沙零乃秦漢郡記南方蒼梧之野其中有九疑山舜之所葬在長沙零舜于岳山又海內南經蒼梧山帝舜葬其陽又大荒南經帝非一説也海內南經蒼梧山帝舜得白玉之琯遂流零陵耶又按舜陵載在山海經者衡山江華等國各錫寶器如成周錫封之制而商均則矣胡爲平藏於零陵哉無乃帝舜諸子分封巴陵上虞母使獻白玉琯以和八風則白玉之琯爲舜之寶器明

欽定四庫全書　卷一　疑耀

琯注云西王母神也曾伯端集仙錄亦云舜在位西王通陳晉之樂書范蔚宗后漢書皆言昔西王母獻玉君大戴禮伏子賤尚書大傳許叔重説文應仲遠風俗於泠道舜祠下得笙白玉之琯十二枚呂氏春秋戴延因葬之後世遂以爲舜陵耶漢章帝時零陵文學奚景葬元次山九疑山圖記亦謂商均之窆其陰豈商均徙此商均窆也大荒南經赤水之東蒼梧之野舜子商均所興有鼻者有庳也即今道州九疑之墓或象塚耳不然

『명의名疑』

子部/類書類/名疑/卷一

四岳為一人韋昭又以四岳為伯夷岳一作嶽孔平
耳書有四岳僉曰之文僉者衆詞也而太史公乃以
子或云伯夷蓋四岳之長其子襲職故稱西岳泰岳
於呂朝鮮記云伯夷生西岳路史注云泰岳伯夷為秩宗封
殆謬呂覽注云伯益泉陶之子亦謬伯夷為大業為泉陶
紀云大業娶女華生大費而正義即以大業為泉陶本
是為大費秦之祖也次子甄是為仲甄封於六秦
皐陶帝王紀云皐陶生於偃故賜姓偃泉陶長子費
欽定四庫全書　名疑　卷一
皐陶父大業娶少典氏之女名華生陶封於皐故稱
也或云直成橫革即棄契之字皐陶杜預云字庭堅
路史則云庭堅高陽氏之子而皐陶乃青陽氏之裔
春秋云禹得皐陶化益橫革直成即直成
伊伯字訛荀子云禹得益泉陶橫直成為輔呂氏
祀為百亘將世本云化益作井漢志又稱伊益化
翳字嘖一字虞余見楚詞封於梁壽二百歲後世
於商賜姓子商人謂之王伯益一作栢益一作伯

『산대각주초사山帶閣註楚辭』

集部/楚辭類/山帶閣註楚辭/卷三

又月令孟夏之月靡草死則靡荠或二物也
枸枸與蘧古字相通所謂泉華者豈即建木之謂耶
之國有建木華黃寔其實如麻百仞無枝下有九
疏麻兮瑤華則李氏之言信有徵矣又朝鮮記鹽長
楛云疏麻大二圍高四丈四時結寔無衰落九歌折
又云蛇吞象似皆至小為大之意也余按焦茂孝說
子者未詳孰是李陳玉曰泉與九衢之濟同舉下文
大如斗豈其類耶泉廣韻曰麻有子者玉篇云麻無
欽定四庫全書　山帶閣註楚辭　卷三
交錯九出象九衢之路也按家語楚王渡江得萍寔
靡蔓也濟水草九衢猶山海經言四衢五衢言其枝
靡荠平九衢泉華安居
斷指長二尺有奇歸獻制府范公或曰此獨人國也
坐如浮圖眾潛走奔船其人舉足即曳船眾斧之
浮圖峙雲表俄即之人也欠伸而起捉七人啖之還
州聞見録云康熙二十六年有從滇南航海者遙望
北長萬餘里爲大之言何所不至哉吾友陳曾起邊

靈蛇吞象厥大何如

象獸之最大者海內南經巴蛇食象三歲出其骨郭

註云其長千尋庚仲雍江記羿屠巴蛇於洞庭其骨

若陵故曰巴陵有象暴骨爲象骨山朝鮮記朱卷國

黑蛇青首食象聞奇錄有書生遊沓冥山中見氣高

丈餘如烟鄉人曰此蛇吞象也

黑水元趾三危安在延年不死壽何所止

西山經崑崙西北隅黑水出焉元趾承黑水言路史

欽定四庫全書　卷三　山帶閣註楚辭

餘論註黑水染足涉者其色黝黑入膚是也通鑑前

編沙州燉煌縣卑羽山三峰峭絶人以爲三危延年

不死本黑水三危而言山海經黑水之前有大山曰

崑崙有人戴勝虎齒豹尾穴處名西王母三危山三

青鳥居之爲西王母取食朝鮮記黑水之間有不死

之山穆天子傳黑水之阿爰有木禾食者得上壽拾

遺記勃鞮國人壽千歲食黑河水藻淮南子三危之

國石城金室飲氣之民不死之野

爲石今有啟石問啟能通於天爲聖王何生而屠䣓

其母乎

帝降夷羿革孽夏民胡䰩

石夫河伯而妻彼雒嬪

夷羿氏也朝鮮記帝俊賜羿彤弓素繒羿是始下

地之百艱革除孽害也抱朴子馮夷以八月上辛溺

洛水神章句云河伯洛嬪如淳曰伏羲女溺洛而死爲

之眇其左目羿又夢與洛神交言帝本使羿除民害

河上帝署爲河伯洛嬪如淳曰伏羲女溺洛化爲白龍遊於水旁羿射

洛水神章句云河伯洛嬪蓋河洛皆古諸侯國名伯其爵嬪其

欽定四庫全書　卷三　山帶閣註楚辭

何乃多行不義乎又按竹書夏帝芬十六年雒伯不

與河伯馮夷闕蓋河洛皆古諸侯國名伯其爵嬪其

妃耳

馮憑洮遙利決封豨希是欸何獻蒸肉之膏而后帝不

馮引滿也爾雅弓以蠶者謂之洮決弓爲之著右

若

大指以鈎者孫子羿得寶弓犀質玉文曰洮弧隨

巢子奚祿山崩天賜玉決於羿宮淮南子羲使羿禽

2. 『고조선사기』로 추정되는
『해내경』 원문

海內經 原文

　東海之內,　北海之隅,　有國名曰朝鮮,　天毒,　其人水居,
偎人愛之.
　西海之內, 流沙之中, 有國名曰壑市.
　西海之內, 流沙之西, 有國名曰氾葉.
　流沙之西, 有鳥山者, 三水出焉, 爰有黃金, 璿瑰, 丹貨,
銀鐵, 皆流于此中. 又有淮山, 好水出焉.
　流沙之東, 黑水之西, 有朝雲之國, 司彘之國. 黃帝妻雷
祖, 生昌意, 昌意降處若水, 生韓流. 韓流擢首, 謹耳, 人
面, 豕喙, 麟身, 渠股, 豚止, 取淖子曰阿女, 生帝顓頊.
　流沙之東, 黑水之閒, 有山名曰有死之山.
　華山, 靑水之東, 有山名曰肇山, 有人名曰柏子高, 柏子高
上下于此, 至于天.

西南黑水之閒,　有都廣之野,　后稷葬焉.　其城方三百里,
蓋天地之中,　素女所出也.　爰有膏菽,　膏稻,　膏黍,　膏稷,　百
穀自生,　冬夏播琴,　鸞鳥自歌,　鳳鳥自儛,　靈壽實華,　草木
所聚.　爰有百獸,　相群爰處.　此草也,　冬夏不死.

南海之內,　黑水青水之閒,　有木名曰若木,　若水出焉.

有禺中之國.　有列襄之國.　有靈山,　有赤蛇在木上,　名曰
蝡蛇,　木食.

有鹽長之國.　有人焉鳥首,　名曰鳥氏.

有九丘,　以水絡之,　名曰陶唐之丘,　叔得之丘,　孟盈之丘,
昆吾之丘,　黑白之丘,　赤望之丘,　參衛之丘,　武夫之丘,　神
民之丘.　有木,　青葉紫莖,　玄華黃實,　名曰建木,　百仞無枝,
上有九欘,　下有九枸,　其實如麻,　其葉如芒.　大皞爰過.　黃
帝所爲.

有窫窳,　龍首,　是食人.　有青獸,　人面,　名曰猩猩.

西南有巴國.　大皞生咸鳥,　咸鳥生乘釐,　乘釐生后照,　后照
是始爲巴人.

有國名曰流黃辛氏,　其域中方三百裏,　其出是塵.　有巴遂
山,　澠水出焉.

又有朱卷之國,　有黑蛇,　青首,　食象.

南方有贛巨人,　人面長脣,　黑身有毛,　反踵,　見人則笑,
脣蔽其目,　因可逃也.

又有黑人,　虎首鳥足,　兩手持蛇,　方啗之.

有嬴民,　鳥足.　有封豕.

有人曰苗民.　有神焉,　人首蛇身,　長如轅,　左右有首,　衣

紫衣, 冠旃冠, 名曰延維, 人主得而饗食之, 伯天下.

有鸞鳥自歌, 鳳鳥自舞. 鳳鳥首文曰德, 翼文曰順, 膺文曰仁, 背文曰義, 見則天下和.

又有青獸如菟, 名曰菌狗. 有翠鳥. 有孔鳥.

南海之內有衡山. 有菌山. 有桂山. 有山名三天子之都.

南方蒼梧之丘, 蒼梧之淵, 其中有九嶷山, 舜之所葬, 在長沙零陵界中.

北海之內, 有蛇山者, 蛇水出焉, 東入于海. 有五采之鳥, 飛蔽一鄉, 名曰翳鳥. 又有不鉅之山, 巧倕葬其西.

北海之內, 有反縛盜械, 帶戈常倍之佐, 各曰相顧之尸.

伯夷父生西岳, 西岳生先龍, 先龍是始生氐羌, 氐羌乞姓.

北海之內, 有山, 名曰幽都之山, 黑水出焉. 其上有玄鳥, 玄蛇, 玄豹, 玄虎, 玄狐蓬尾. 有大玄之山. 有玄丘之民. 有大幽之國. 有赤脛之民.

有釘靈之國, 其民從䣛以下有毛, 馬蹄善走.

炎帝之孫伯陵, 伯陵同吳權之妻阿女緣婦, 緣婦孕三年, 是生鼓, 延, 殳. 殳始爲侯, 鼓, 延是始爲鍾, 爲樂風.

黃帝生駱明, 駱明生白馬, 白馬是爲鯀.

帝俊生禺號, 禺號生淫梁, 淫梁生番禺, 是始爲舟. 番禺生奚仲, 奚仲生吉光, 吉光是始以木爲車.

少皞生般, 般是始爲弓矢.

帝俊賜羿彤弓素矰, 以扶下國, 羿是始去恤下地之百艱.

帝俊生晏龍, 晏龍是爲琴瑟.

帝俊有子八人, 是始為歌舞. 帝俊生三身, 三身生義均,義均是始爲巧倕, 是始作下民百巧. 后稷是播百穀. 稷之孫曰叔均, 始作牛耕. 大比赤陰是始爲國. 禹, 鯀是始布土, 均定九州.

炎帝之妻, 赤水之子聽訞生炎居, 炎居生節竝, 節竝生戲器, 戲器生祝融. 祝融降處于江水, 生共工. 共工生術器, 術器首方顚, 是復土穰, 以處江水. 共工生后土, 后土生噎鳴, 噎鳴生歲十有二.

洪水滔天. 鯀竊帝之息壤以堙洪水, 不待帝命. 帝命祝融殺鯀于羽郊. 鯀複生禹. 帝乃命禹卒布土以定九州.

3. 『고조선사기』로 추정되는
『대황경』 원문

大荒東經 原文

東海之外大壑, 少昊之國. 少昊孺帝顓頊于此, 棄其琴瑟. 有甘山者, 甘水出焉, 生甘淵.

東海之外, 甘水之間, 有義和之. 有女子名曰義和, 方浴日于甘淵. 義和者, 帝俊之妻, 是生十日.

大荒東南隅有山, 名皮母地丘.

東海之外, 大荒之中, 有山名曰大言, 日月所出.

有波谷山者, 有大人之國. 有大人之市, 名曰大人之堂. 有一大人踆其上, 張其兩臂.

有小人國, 名靖人.

有神, 人面獸身, 名曰犁䰠之尸.

有潏山, 楊水出焉.

有蒍國, 黍食, 使四鳥..虎, 豹, 熊, 羆.

大荒之中, 有山名曰合虛, 日月所出.

有中容之國. 帝俊生中容, 中容人食獸, 木實, 使四鳥：豹, 虎, 熊, 羆.

有東口之山, 有君子之國, 其人衣冠帶劍.

有司幽之國, 帝俊生晏龍, 晏龍生司幽, 司幽生思士, 不妻；思女, 不夫. 食黍, 食獸, 是使四鳥.

有大阿之山者.

大荒中有山名曰明星, 日月所出.

有白民之國. 帝俊生帝鴻, 帝鴻生白民, 白民銷姓, 黍食, 使四鳥：虎, 豹, 熊, 羆.

有青丘之國, 有狐, 九尾.

有柔僕民, 是維嬴土之國.

有黑齒之國, 帝俊生黑齒, 姜姓, 黍食, 使四鳥.

有夏州之國, 有蓋余之國.

有神, 八首人面, 虎身十尾, 名曰天吳.

大荒之中, 有山名曰鞠陵于天, 東極, 離瞀, 日月所出. 名曰折丹 — 東方曰折, 來風曰俊 — 處東極以出入風.

東海之渚中有神, 人面鳥身, 珥兩黃蛇, 踐兩黃蛇, 名曰禺䝞. 黃帝生禺䝞, 禺䝞生禺京, 禺京處北海, 禺䝞處東海, 是為海神.

有招搖山, 融水出焉. 有國曰玄股, 黍食, 使四鳥.

有困民國, 勾姓, 黍食. 有人曰王亥, 兩手操鳥, 方食其頭 王亥託于有易, 河伯僕牛. 有易殺王亥, 取僕牛. 河伯念有易, 有易潛出, 為國于獸, 方食之, 名曰搖民. 帝舜生戲, 戲生搖民.

海內有兩人, 名曰女丑. 女丑有大蟹.

大荒之中, 有山名曰孽搖頵羝, 上有扶木, 柱三百里, 其葉如芥. 有谷曰溫源谷. 湯谷上有扶木. 一日方至, 一日方出, 皆載于烏.

有神, 人面, 犬耳, 獸身, 珥兩靑蛇, 名曰奢比尸

有五采之鳥, 相鄕棄沙. 惟帝俊下友. 帝下兩壇, 采鳥是司.

大荒之中, 有山名猗天蘇門, 日月所生. 有壎民之國.

有綦山. 又有搖山. 有䴡山. 又有門戶山. 又有盛山. 又有待山. 有五采之鳥.

東荒之中, 有山名曰壑明俊疾, 日月所出. 有中容之國.

東北海外, 又有三靑馬, 三騅, 甘華. 爰有遺玉, 三靑鳥, 三騅, 視肉, 甘華, 甘柤, 百穀所在.

有女和月母之國. 有人名曰鵷, 北方曰鵷, 來風曰犭炎, 是處東北隅以止日月, 使無相間出沒, 司其短長.

大荒東北隅中, 有山名曰凶犁土丘. 應龍處南極, 殺蚩尤與夸父, 不得復上. 故下數旱, 旱而爲應龍之狀, 乃得大雨.

東海中有流波山, 入海七千里. 其上有獸, 狀如牛, 蒼身而無角, 一足, 出入水則必風雨, 其光如日月, 其聲如雷, 其名曰夔. 黃帝得之, 以其皮爲鼓, 橛以雷獸之骨, 聲聞五百里, 以威天下.

大荒南經　原文

南海之外, 赤水之西, 流沙之東, 有獸, 左右有首, 名曰跊
踢. 有三青獸相竝, 名曰雙雙.

有阿山者. 南海之中, 有氾天之山, 赤水窮焉.

赤水之東, 有蒼梧之野, 舜與叔均之所葬也. 爰有文貝, 離
俞, 丘鳥久, 鷹, 賈, 委維, 熊, 羆, 象, 虎, 豹, 狼, 視肉.

有榮山, 榮水出焉. 黑水之南, 有玄蛇, 食塵.

有巫山者, 西有黃鳥. 帝藥, 八齋. 黃鳥于巫山, 司此玄蛇.

大荒之中, 有不庭之山, 榮水窮焉. 有人三身, 帝俊妻娥皇,
生此三身之國, 姚姓, 黍食, 使四鳥. 有淵四方, 四隅皆達, 北
屬黑水, 南屬大荒, 北旁名曰少和之淵, 南旁名曰從淵, 舜之
所浴也.

又有成山, 甘水窮焉. 有季禺之國, 顓頊之子, 食黍. 有羽民
之國, 其民皆生毛羽. 有卵民之國, 其民皆生卵.

大荒之中, 有不姜之山, 黑水窮焉. 又有賈山, 汔水出焉. 又
有言山. 又有登備之山. 有恝恝之山. 又有蒲山, 澧水出焉. 又
有隗山, 其西有丹, 其東有玉. 又南有山, 漂水出焉. 有尾山.
有翠山.

有盈民之國, 於姓, 黍食. 又有人方食木葉.

有不死之國, 阿姓, 甘木是食.

大荒之中, 有山名曰去痊. 南極果, 北不成, 去痊果.

南海渚中, 有神, 人面, 珥兩青蛇, 踐兩赤蛇, 曰不廷胡余.

有神名曰因因乎, 南方曰因乎, 來風曰乎民, 處南極以出入風

有襄山. 又有重陰之山. 有人食獸, 曰季釐. 帝俊生季釐, 故曰季釐之國. 有緡淵, 少昊生倍伐, 倍伐降處緡淵. 有水四方, 名曰俊壇.

有蒛民之國. 帝舜生無淫, 降蒛處, 是謂巫蒛民. 巫蒛民盼姓, 食穀, 不績不經, 服也；不稼不穡, 食也. 爰有歌舞之鳥, 鸞鳥自歌, 鳳鳥自舞. 爰有百獸, 相群爰處. 百穀所聚.

大荒之中, 有山名曰融天, 海水南入焉.

有人曰鑿齒, 羿殺之.

有蜮山者, 有蜮民之國, 桑姓, 食黍, 射蜮是食. 有人方扞弓射黃蛇, 名曰蜮人.

有宋山者, 有赤蛇, 名曰育蛇. 有木生山上, 名曰楓木. 楓木, 蚩尤所棄其桎梏, 是為楓木.

有人方齒虎尾, 名曰祖狀之尸.

有小人, 名曰焦僥之國, 幾姓, 嘉穀是食.

大荒之中, 有山名歹塗之山, 青水窮焉. 有雲雨之山, 有木名曰欒.

禹攻雲雨, 有赤石焉生欒, 黃本, 赤枝, 青葉, 羣帝焉取藥.

有國曰伯服, 顓頊生伯服, 食黍. 有鼬姓之國. 有苕山. 又有宗山. 又有姓山. 又有壑山. 又有陳州山. 又有東州山. 又有白水山, 白水出焉, 而生白淵, 昆吾之師所浴也.

有人名曰張弘, 在海上捕魚. 海中有張弘之國, 食魚, 使四鳥.

有人焉, 鳥喙, 有翼, 方捕魚于海. 大荒之中, 有人名曰驩頭. 鯀妻士敬, 士敬子曰炎融, 生驩頭. 驩頭人面鳥喙, 有翼, 食海中魚, 杖翼而行. 維宜芑苣, 穋楊是食. 有驩頭之國.

帝堯, 帝嚳, 帝舜葬于岳山. 爰有文貝, 離俞, 丘鳥久, 鷹, 賈, 延維, 視肉, 熊, 羆, 虎, 豹；朱木, 赤枝, 青華, 玄實. 有申山者.

大荒之中, 有山名曰天臺, 海水南入焉.

有蓋猶之山者, 其上有甘租, 枝榦皆赤, 黃葉, 白華, 黑實. 東又有甘華, 枝榦皆赤, 黃葉. 有青馬. 有赤馬, 名曰三騅. 有視肉.

有小人名曰菌人.

有南類之山, 爰有遺玉, 青馬, 三騅, 視肉, 甘華, 百穀所在.

大荒西經 原文

西北海之外, 大荒之隅, 有山而不合, 名曰不周, 有兩黃獸守之. 有水曰寒暑之水. 水西有濕山, 水東有幕山. 有禹攻共工國山.

有國名曰淑士, 顓頊之子.

有神十人, 名曰女媧之腸, 化為神, 處栗廣之野, 橫道而處.

有人名曰石夷, 西方曰夷, 來風曰韋, 處西北隅以司日月之長短.

有五采之鳥, 有冠, 名曰狂鳥.

有大澤之長山. 有白氏之國.

西北海之外, 赤水之東, 有長脛之國.

有西周之國, 姬姓, 食穀. 有人方耕, 名曰叔均. 帝俊生后稷, 稷降以百穀. 稷之弟曰台璽, 生叔均. 叔均是代其父及稷播百穀, 始作耕. 有赤國妻氏. 有雙山.

西海之外, 大荒之中, 有方山者, 上有青樹, 名曰柜格之松, 日月所出入也.

西北海之外, 赤水之西, 有天民之國, 食穀, 使四鳥.

有北狄之國. 黃帝之孫曰始均, 始均生北狄.

有芒山. 有桂山. 有榣山. 其上有人, 號曰太子長琴. 顓頊生老童, 老童生祝融, 祝融生太子長琴, 是處榣山, 始作樂風.

有五采鳥三名, 一曰皇鳥, 一曰鸞鳥, 一曰鳳鳥.

有蟲狀如菟, 胷以後者裸不見, 青如猿狀.

大荒之中, 有山名曰豐沮玉門, 日月所入.

有靈山, 巫咸, 巫即, 巫肦, 巫彭, 巫姑, 巫真, 巫禮, 巫抵, 巫謝, 巫羅十巫, 從此升降, 百藥爰在.

有西王母之山, 壑山, 海山. 有沃之國, 沃民是處. 沃之野, 鳳鳥之卵是食, 甘露是飲. 凡其所欲, 其味盡存. 爰有甘華, 甘租, 白柳, 視肉, 三騅, 璇瑰, 瑤碧, 白木, 琅玕, 白丹, 青丹, 多銀鐵. 鸞鳳自歌, 鳳鳥自舞, 爰有百獸, 相羣是處, 是謂沃之野.

有三青鳥, 赤首黑目, 一名曰大鵹, 一名曰少鵹, 一名曰青鳥.

有軒轅之臺, 射者不敢西嚮, 畏軒轅之臺.

大荒之中, 有龍山, 日月所入.

有三澤水, 名曰三淖, 昆吾之所食也.

有人衣青, 以袂蔽面, 名曰女丑之尸.

有女子之國.

有桃山. 有䖝山. 有桂山. 有于土山.

有丈夫之國.

有弇州之山, 五采之鳥仰天, 名曰鳴鳥. 爰有百樂歌儛之風.

有軒轅之國. 江山之南棲為吉. 不壽者乃八百歲.

西海陼中, 有神, 人面鳥身, 珥兩青蛇, 踐兩赤蛇, 名曰弇兹.

大荒之中, 有山名日月山, 天樞也. 吳姬天門, 日月所入. 有神, 人面無臂, 兩足反屬于頭山, 名曰噓. 顓頊生老童, 老童生重及黎, 帝令重獻上天, 令黎邛下地, 下地是生噎, 處於西極, 以行日月星辰之行次.

有人反臂, 名曰天虞.

有女子方浴月. 帝俊妻常羲, 生月十有二, 此始浴之.

有玄丹之山. 有五色之鳥, 人面有髮. 爰有青鴍, 黃鷔, 青鳥, 黃鳥, 其所集者其國亡.

有池, 名孟翼之攻顓頊之池.

大荒之中, 有山名曰鏖鏊鉅, 日月所入者.

有獸, 左右有首, 名曰屛蓬.

有巫山者. 有壑山者. 有金門之山, 有人名曰黃姬之尸. 有
比翼之鳥. 有白鳥靑翼, 黃尾, 玄喙. 有赤犬, 名曰天犬, 其所
下者有兵.

西海之南, 流沙之濱, 赤水之後, 黑水之前, 有大山, 名曰昆
侖之丘. 有神 ― 人面虎身, 有文有尾, 皆白 ― 處之. 其下有
弱水之淵環之, 其外有炎火之山, 投物輒然. 有人戴勝, 虎齒,
豹尾, 穴處, 名曰西王母. 此山萬物盡有.

大荒之中, 有山名曰常陽之山, 日月所入.

有寒荒之國. 有二人女祭, 女薉.

有壽麻之國. 南嶽娶州山女, 名曰女虔. 女虔生季格, 季
格生壽麻. 壽麻正立無景, 疾呼無響. 爰有大暑, 不可以往.

有人無首, 操戈盾立, 名曰夏耕之尸. 故成湯伐夏桀于章山,
克之, 斬耕厥前. 耕旣立, 無首, 走厥咎, 乃降于巫山.

有人名曰吳回, 奇左, 是無右臂.

有蓋山之國. 有樹, 赤皮支榦, 靑葉, 名曰朱木.

有一臂民.

大荒之中, 有山名曰大荒之山, 日月所入. 有人焉三面, 是
顓頊之子, 三面一臂, 三面之人不死, 是謂大荒之野.

西南海之外, 赤水之南, 流沙之西, 有人珥兩靑蛇, 乘兩靑
龍, 名曰夏后開. 開上三嬪于天, 得 <九辯> 與 <九歌> 以

下. 此天穆之野, 高二千仞, 開焉得始歌九招.

有氐人之國. 炎帝之孫名曰靈恝, 靈恝生氐人, 是能上下于天.

有魚偏枯, 名曰魚婦. 顓頊死即復蘇. 風道北來, 天乃大水泉, 蛇乃化為魚, 是為魚婦. 顓頊死即復蘇.

有青鳥, 身黃, 赤足, 六首, 名曰䲭鳥.

有大巫山. 有金之山. 西南, 大荒之中隅, 有偏句, 常羊之山.

大荒北經　原文

　　東北海外, 大荒之中, 河水之閒, 附禺之山, 帝顓頊與九嬪葬
焉. 爰有丘鳥久, 文貝, 離俞, 鸞鳥, 鳳鳥, 大物, 小物. 有青鳥,
琅鳥, 玄鳥, 黃鳥, 虎, 豹, 熊, 羆, 黃蛇, 視肉, 璿, 瑰, 瑤, 碧,
皆出于山. 衛丘方圓三百里, 丘南帝俊竹林在焉, 大可為舟. 竹
南有赤澤水, 名曰封淵. 有三桑無枝. 丘西有沈淵, 顓頊所浴.

　　有胡不與之國, 烈姓, 黍食.

　　大荒之中, 有山名曰不咸. 有肅愼氏之國. 有蜚蛭, 四翼. 有
蟲, 獸首蛇身, 名曰琴蟲.

　　有人名曰大人. 有大人之國, 釐姓, 黍食. 有大靑蛇, 黃頭,
食塵.

　　有榆山. 有鯀攻程州之山.

　　大荒之中, 有山名曰衡天. 有先民之山. 有槃木千里.

　　有叔歜國. 顓頊之子, 黍食, 使四鳥：虎, 豹, 熊, 羆. 有黑蟲
如熊狀, 名曰猎猎.

　　有北齊之國, 姜姓, 使虎, 豹, 熊, 羆.

　　大荒之中, 有山名曰先檻大逢之山, 河濟所入, 海北注焉. 其
西有山, 名曰禹所積石.

　　有陽山者. 有順山者, 順水出焉. 有始州之國, 有丹山.

　　有大澤方千里, 羣鳥所解.

　　有毛民之國, 依姓, 食黍, 使四鳥. 禹生均國, 均國生役采,
役采生修鞈, 修鞈殺綽人. 帝念之, 潛爲之國, 是此毛民.

　　有儋耳之國, 任姓, 禺號子, 食穀. 北海之渚中, 有神, 人面

鳥身, 珥兩青蛇, 踐兩赤蛇, 名曰禺彊.

大荒之中, 有山名曰北極天櫃, 海水北注焉. 有神, 九首人面鳥身, 名曰九鳳. 又有神銜蛇操蛇, 其狀虎首人身, 四蹄長肘, 名曰彊良.

大荒之中, 有山名曰成都載天. 有人珥兩黃蛇, 把兩黃蛇, 名曰夸父. 后土生信, 信生夸父. 夸父不量力, 欲追日景, 逮之于禺谷. 將飲河而不足也, 將走大澤, 未至, 死于此. 應龍已殺蚩尤, 又殺夸父, 乃去南方處之, 故南方多雨.

又有無腸之國, 是任姓, 無繼子, 食魚.

共工之臣名曰相繇, 九首蛇身, 自環, 食于九土. 其所歇所尼, 即為源澤, 不辛乃苦, 百獸莫能處. 禹湮洪水, 殺相繇, 其血腥臭, 不可生穀, 其地多水, 不可居也. 禹湮之, 三仞三沮, 乃以為池, 羣帝因是以為臺. 在昆侖之北

有岳之山, 尋竹生焉.

大荒之中, 有山名不句, 海水北入焉.

有係昆之山者, 有共工之臺, 射者不敢北鄉. 有人衣青衣, 名曰黃帝女魃. 蚩尤作兵伐黃帝, 黃帝乃令應龍攻之冀州之野. 應龍畜水, 蚩尤請風伯雨師縱大風雨. 黃帝乃下天女曰魃, 雨止, 遂殺蚩尤. 魃不得復上, 所居不雨. 叔均言之帝, 後置之赤水之北. 叔均乃為田祖. 魃時亡之. 所欲逐之者, 令曰:「神北行!」先除水道, 決通溝瀆.

有人方食魚, 名曰深目民之國, 盼姓, 食魚.

有鍾山者. 有女子衣青衣, 名曰赤水女子獻.

大荒之中, 有山名曰融父山, 順水入焉. 有人名曰犬戎. 黃帝

生苗龍, 苗龍生融吾, 融吾生弄明, 弄明生白犬, 白犬有牝牡,
是爲犬戎, 肉食. 有赤獸, 馬狀無首, 名曰戎宣王尸.

有山名曰齊州之山, 君山, 灊山, 鮮野山, 魚山.

有人一目, 當面中生, 一曰是威姓, 少昊之子, 食黍.

有無繼民, 無繼民任姓, 無骨子, 食氣, 魚

西北海外, 流沙之東, 有國曰中輻, 顓頊之子, 食黍.

有國名曰賴丘. 有犬戎國. 有神, 人面獸身, 名曰犬戎.

西北海外, 黑水之北, 有人有翼, 名曰苗民. 顓頊生驩頭, 驩
頭生苗民, 苗民釐姓, 食肉. 有山名曰章山.

大荒之中, 有衡石山, 九陰山, 灰野之山, 上有赤樹, 青葉,
赤華, 名曰若木.

有牛黎之國. 有人無骨, 儋耳之子.

西北海之外, 赤水之北, 有章尾山. 有神, 人面蛇身而赤, 直
目正乘, 其瞑乃晦, 其視乃明, 不食不寢不息, 風雨是謁. 是燭
九陰, 是謂燭龍.

바른역사 정립운동에 함께하신 분들

강동민(전 코메론 회장)
강선대((재)월드뮤직 이사장)
김용섭(평화운동가)
김정희(자연치유센터 소장)
박주영(한국투자신탁 상무)
심성제(반야사 주지)
심학섭(진행워터웨이 사장)
이철구(현대자동차 부장)